中國文學的本源

王更生著

臺灣學生書局印行

中國文學的本源　序

文學是整個學術的一環，假使我們立足於學術的顚峯，去觀瀾索源的話，便可以發現中國文學演進的脈動。在盤根錯節之中，亦如萬山旁礴，必有主峯；流水百折，定有源頭。本書「中國文學的本源」的寫作，正是希望能從學術的觀點，爲我們的民族文學找到本源活水。

近幾十年來，由於特殊的政治背景和國際情勢的雙重影響，我們的文學發展，在這個多元性的社會裏，和以功利主義做導向的情形下，無論其內涵或形態，越來越偏離中國的傳統精神，越來越像西方文學的翻版；再加上商業氣氛的濃烈，不僅在思想方面受到嚴重汚染，而乾癟貧乏；就是作品內容也變得越來越低俗，失去銜華佩實的要求。

當代文學早已缺乏繼承傳統，開創新局的氣勢。在這個弱肉強食的時代，文學旣是學術的脈動，我們如果想迎向未來，掌握變局，就必須重視我們深厚的民族文學內涵，立足傳統，放眼未來。用自己的靈泉活水，來澆灌自己的智慧根苗，這樣才能以歲寒松柏的英挺，綻放出中國文學的奇葩。

我們的靈泉活水爲何？一言以蔽之曰「經典」。過去劉勰在南朝齊梁之際，目睹「辭人愛奇」，提出「宗經」的主張。後世的顏之推作家訓，於文章篇又作桴鼓之應。唐朝韓愈於答劉正夫書中也說，爲文當「師古聖賢人」，而師古聖賢人的方法，在「能自樹立，不因循。」

「師其意，不師其辭。」可見「宗經」不是開文學演進的倒車，而是民族文學賴以涵育成長所必須。

本書內容，讀者翻檢可得，恕不在此煩贅。惟作者倡導民族文學的熱忱，希望諸君本諸「良藥苦口」的古訓，能一方面體諒本人的直言，另一方面作冷靜的省思。在這個獨立蒼茫的時刻，願大家爲重振民族文學的偉業，獻身獻心，紮下堅實的基礎。

由於當前社會變化的錯綜複雜，作者又受到本身學術素養的侷限，自以爲對所涉主題層面廣泛的理論，不僅表現得不夠深刻，就是在某些觀點上，也不見得就天衣無縫，所謂：「言欲盡意，聖人所難；識在瓶管，何能矩矱。」這正是作者謁誠向諸君請教的地方。

王更生

序於民國七十七年（一九八八）七月二日臺灣臺北退思齋

中國文學的本源　目次

第一章　經典是中國文學的本源

第一節　前言

中國文學垂世數千年，從整個的文學發展史上，看她起落盛衰的趨勢，其間發展雖然有明流，有暗潮，有主幹，有旁枝；甚而當暗潮浮動時，明流或爲之掩色；旁枝獨秀時，主幹或因而不彰❶。可是在縱橫交錯中，如果我們眞能去振葉尋根，觀瀾索源的話，亦勢必可以爲她找到一脈相承的根本源頭來。而這個根本源頭，對我們民族文學的影響，就像萬物之與陽光雨露，一息不可缺。時至今日，有很多人在講到當前中國文學發展的時候，都談到「縱的繼承」與「橫的移植」問題，不過，由於「橘踰淮而北爲枳」❷的歷史經驗，我們認爲中國文學的發展，必須託根在自己的泥土裏，才能向下紮根，向上生長。因此，「縱的繼承」就此時此地的情勢而言，尤有迫切探討的必要。

我們並無意強調傳統繼承的重要性，但懍於目前國家多難，西方文化入侵的嚴重深切，則「立足傳統，放眼未來」，已不容否認的成了我們的道義和責任，因爲沒有過去，就沒有現在，沒有現在，就沒有將來；將來的命運，決定於現在的努力，現在的努力，又須藉助於過去的經驗。一個數典忘祖的人，自不必期望他對國家民族有所貢獻；而國家的文學發展，如果一旦遠離本源，或捨本逐末的話，其後果的嚴重，將有不堪設想者矣。所以我們要想把「立足傳統，放眼未來」的使命，落實到現實生活的基礎上，便必然的要問所謂「立足傳統」也者，對中國文學而言，到底所指何事？有何價值？所謂「放眼未來」也者，做法又將如何？這些都屬「中國文學的本源」問題。

對此一問題的探討，在目前來說，無論是主觀的因素，或客觀的環境，確有許多不易克服的困難。可是「不積跬步，無以至千里，不積小流，無以成江海」❸。本人於此就是懷着這種「跬步」、「小流」的努力，期待將來有「千里」、「江海」的到來。

第二節　文學必有本源

世界上任何事物，只要去追根究柢的話，莫不有其一定的本源，作爲它發軔滋長的契機。例如天地的化生，樹木的昌茂，江河的奔流，人類的延續。他們之所以能夠繼繼繩繩，歷久彌篤者，究其原因，莫不其來有自。

講到天地的化生，我們仰觀天象，從昭昭之明，推而至於無窮，「日月星辰繫焉，萬物覆焉」❹。俯察地理，從一撮土之微，測其廣遠深厚，「載華嶽而不重，振河海而不洩」❺。中庸說：「天地之道，可一言而盡。」老子也說：「有物混成，先天地生。寂兮寥兮，獨立而不改，周行而不殆，可以爲天下母。吾不知其名，字之曰道❻。」我們不管那個天地化生的原質，是中庸上可一言而盡的「誠」，或是老子所字的「道」，總而言之，其必有一定不易之理，當可斷言。

至於樹木的昌茂，人總以爲需要的是水分、土壤、陽光三個條件。而事實上，水分、土壤、陽光皆非樹木的本身，而樹木得之則生，不得則死，幾乎不可須臾或離；其重要性當然是無可置疑的。但是，如果樹木本身沒有根的話，卽令是再有適量的水分，肥沃的土壤，充足的陽光，由於其無所託體，則繁枝密葉亦不能憑空而生。

大家都知道，水是氫二氧一的化合物，其勢自高而下，所謂「逝者如斯，不舍晝夜」者也⑦。比如長江、黃河，由中國西北高原，混混東流，以達於海。可是唐朝的李白偏要說：「黃河之水天上來，奔流到海不復囘⑧」，杜甫也講：「無邊落木蕭蕭下，不盡長江滾滾來⑨」，好像在他們的眼睛裏，長江大河都是奔騰澎湃，來去無蹤似的。其實，這只是詩人卽物起興，有所寄託，不能信他爲眞。試想，假若沒有巴顏喀拉山的星宿海，那些長年不息的冰川，作它們不竭的源泉的話，所謂「江河行地」也者，不過斷港絕潢而已；又怎能浩浩湯湯，一瀉千里呢？

人生在世，亦復如此。人雖是自然的產物，但其血肉之軀，却貌像天地，性稟五才，耳目擬於日月，聲氣方乎風雷⑩，經過無量數的物競天擇以後，卓然被尊爲萬物之靈矣。但歲月如流星，生命若轉軸，「長江後浪催前浪，一代新人換舊人」，究其所以世代相傳，綿延不息者，如果我們來報本反始的話，實應當歸功於列祖列宗的遺傳。否則，於千年萬世之後，又那有我們的存在！

「文學」乃學術思想的一環⓫，其關係之多，方面之廣，內涵之深，影響之遠，確有不容忽視的價值⓬。所以古來爲她探本溯源的人，無論中外，都大有人在⓭。過去清朝姚惜抱於「古文辭類纂」序目說：「凡文之體類十三，而所以爲文者八：曰神、理、氣、味、格、律、聲、色」。八者之於文事，誠屬不可或缺；但這只是構成作品的藝術條件，其情形亦如天地之與日月星辰，樹木之與水土陽光，流水之與氫二氧一，人體之與四肢百骸，還不能算是她的大本大源。可是一般人只知道宇宙之生成有至理，江河之行地有源頭，枝葉之扶疏有根本，宗祧之傳承有始祖，文章之寫作有義法，却很少有人瞭解文學之所以能傳遠流廣，日新其業者，也有她的根本源頭在啊！

第三節　中國文學的本源何在

中國文學的本源何在？想解答這個問題，還應該尊重我國第一位文學理論家劉勰的意見。劉勰字彥和，南朝東莞莒人（祖籍山東莒縣，寄籍江蘇鎮江），著有「文心雕龍」十卷五十篇。雖然他的書成於齊梁之際，距離現在已有一千四百七十餘年的歷史了，可是後之學者，稱他「究文體之源流，而評其工拙⓮」，是「專門名家，勒爲成書之初祖⓯。」彥和立說有本，敍事有元；運用傳統的成規，別開文學的新運，從而寫下這部牢籠百代的巨典。可說體大慮周，籠罩羣言，黃叔琳云：「苟欲希風前秀，未有捨此而別求津逮者⓰」所以有關他對中國文學本源的看法，應該是可以信賴的。

劉勰在文心雕龍序志篇，對中國文學本源的問題，早有明確的表示。他說：「文章之用，實經典枝條，五禮資之以成文，六典因之以致用，君臣所以炳煥，軍國所以昭明，詳其本源，莫非經典。」他以爲「文學」是「經典」的枝葉條幹，吉、凶、賓、軍、嘉五禮，藉着她構成文采；禮、治、政、教、刑、事六典，靠着她發揮效用；君臣的關係，因爲她而相得益彰；軍國的大事，也因爲有了她，才光明昭著，益加發皇。所以他在講完了文學的實用價値以後，便下了一個「詳其本源，莫非經典」的結論。

同篇又說：「離本彌甚，將遂訛濫」，「振葉以尋根，觀瀾而索源」，「不述先哲之誥，無益後生之慮」。他所謂之「本」，所謂之「根」，所謂之「源」，所謂之「誥」，從各句的上下文例加以研判，指的顯然也是「經典」。在此劉勰不但肯定了「經典」是中國文學的本源，同時，還進一步強調，人之行文謀篇，如脫離本源，而任情泛濫的話，很可能如洪水橫流，猛獸出柙，對自己不但犯了訛濫之病，對讀者更造成思想上的傷害。並且，他還堅決認爲談中國文學理論，應該扣緊「經典」立說，否則，便是無根之木，無源之水，「無益後生之慮」[17]。

第四節　文學的通性和別性

「經典」何以是中國文學的本源？這個問題，又牽涉到文學的屬性。大別言之，凡事物的歸屬，都有「通性」和「別性」之分[17]。而「中國文學」的本源，正顯現了這方面獨具的特色。根據上文，得知劉勰既然肯定了中國文學的本源在「經典」，按理就不應該再列「原道」於書首。尤其序志篇，於自述寫作的體例時，更不該有「本乎道」之言。因爲「原道」的「原」，正可解作「本源」，而「道」指的就是「自然」。

「原道」者，卽「本乎道」，也就是文學本源於自然的意思。他所說的自然，既不同於道家無爲而治的自然，也不同於儒家「博愛之謂仁，行而宜之之謂義，由是而之焉之謂道」的自然。而是指天地日月、鳥獸蟲魚、花草樹木、雲霞水流而後加上人類，這樣的生態環境所構成的現象。所謂「陽春召我以煙景，大地假我以文章」者是也。劉勰把自然看做文學發軔的初始，人性流露的根源，當然有和儒家所謂「仁義」之道，道家所謂「無爲」之道者，有斷然不同的立足點，是了不起的創見。可是，如將這個說法，和上文所引「詳其本源，莫非經典」的話兩相比較，便馬上發覺自陷矛盾，不能圓合。因爲中國文學的本源，如果以「經典」爲是，則「原道」何爲而設？如果以「原道」爲是，則「經典」又作何說？所以我們必然要問，中國文學的本源到底是「經典」？或是「自然」？

我們想解答這個疑難問題，以下兩個概念，必先加以釐清。一、是「文學」和「中國文學」這兩個名詞，在意義上應有範圍廣狹不同的界定，不可混爲一談。二、是文學的本身，具有「通性」和「別性」之分，其間的區劃，不容許擅加淆亂。

過去希臘的亞里斯多得作「詩學」⑱，意大利之克羅齊著「美學原理」⑲，俄國的托爾斯泰作「藝術論」⑳，國人朱光潛先生著「文藝心理學」㉑，無不上考下求，旁搜遠紹，推「自然」爲「文學」的本源。他們所以推「自然」爲「文學」的本源者，正因爲以「自然」

爲本源，是「文學」的通性。既是通性，便可以突破國界，適用於任何一國。但他們持論的缺點，是只見世界，不見一國，只見通性，不見別性。因爲希臘的文化背景，不同於意大利的文化背景，更不同於俄羅斯的文化背景，尤不同於中國的文化背景。如果以在中國的文化背景下，孕育而成的「中國文學」來說，她不僅源遠流長，更是內容繁富。譬如在工具運用方面，具有特殊的語言文字；在民族性格方面，有不同的表情方式；在思想觀念方面，有深厚的文化基礎；在時代背景方面，有多采多姿的民族融合與擴張。所以她不可能在「通性」之外，沒有「別性」；否則，「中國文學」在世界文學中，便缺乏自我的特質，和卓然不同的面目。

第五節　中國文學的本源何以是經典

中國文學既兼具「別性」，則「別性」中的「中國文學」，當然是以「經典」爲其本源。但是「經典」之所以是中國文學的本源，這其中由「自然」過渡到「經典」的歷程，是一個怎樣的情形，於此又必須進一步的加以分析。

說到這裏，不禁使我想起劉勰作文心雕龍，爲甚麼在書首「原道」篇後，繼之以「徵聖」，「徵聖」之後，又繼之以「宗經」。尤其把「徵聖」平列於「原道」「宗經」二篇之間，實在是耐人尋味。清朝紀曉嵐對此也有評論，他說「此篇卻是裝點門面，推到極處，仍是宗經[22]。」過去，我還以爲他是別有見地，先得我心；現在細加玩索，便覺得原先的想法，太過輕率，更是犯了不考之病。紀氏所謂「推到極處，仍是宗經」的說法，雖然還算允當；但以爲「徵聖」之設，在「裝點門面」之論，便不能苟同。究其原因，是在由「原道」到「宗經」的過程上，必須有「徵聖」。不但不是「裝點門面」，更是不可或缺。

「原道」是指「文學」原於自然，「宗經」是指「中國文學」要祖述經典。而自然與經典，本屬兩個不相關連的元素，如果沒有「聖人」加以串連，幾乎找不到她們彼此結合的因子。劉勰深切了解文學既有「通性」，亦有「別性」的道理，所以他在把「文學」的通性，轉化爲「中國文學」別性的時候，特別刻意地安排一篇「徵聖」，作爲衍化的軸心。換言之，也就是把自然之文，與人爲之文，運用聖人的智慧作運轉的跳板，加以圓滿的結合和彌縫，這樣以來，自然之文既爲人爲之文所取資，得到合理的安頓；而人爲之文，又經過「孔子刪述」㉓，突出了她的無尙價值。劉勰說：「道沿聖以垂文，聖因文而明道」㉔。所以我們認「經典」爲中國文學的本源，不但替以往中國文學找到了回饋的遠祖；同時也給今後億萬世中國文學的流變，找到了維繫的紐帶。

第六節　結　論

兩千年來，中國文學在演進的過程上，雖然一變於楚辭，再變於佛學；但終能以她無限充沛的生命力，達到「用夏變夷」的目的，保持了萬變不離其宗的面目。此何故？經典也，中國文學之有本源也。我們以下再用食物爲例，來說明由文學的通性，到中國文學的別性，其間轉化的關係：假設文學的通性是麵粉，則中國文學的別性便是麵包，麵粉只是素材，麵包則爲成品，由麵粉化而爲麵包的時候，在原先的素材上，一定少不了加上催化的酵母，而這個酵母，在中國文學的本源上來說，便是聖人。古聖先哲爲我們設計了這套恆久不變的經典，她實際上像一個細胞核，就自身的成長而言，由坐胎，而成長，其間四肢百骸的組合與發育，固無不仰賴細胞的分裂，隨時給我們充足的補給與營養；就外來的影響而言，由接觸、而衍化，其間內容形式的改易與變遷，亦需借助細胞的活動，加強我們新陳代謝的功能。所以經典對中國文學的發展而言，其生生不息的契機，就像新舊約之於基督教，阿含經之於佛教、可蘭經之於回教一樣，如日月經天，高明博大，悠久無疆啊！

至於中國文學所宗者爲何經？經典之中有無文學可宗的成分？和經典對中國文學的影響如何？以及今後中國文學發展的取向又怎麽樣？這種種問題，均須等待以下各章再向諸君說明。

附　註

❶ 顧炎武日知錄卷二十二「詩體代降」條云：「三百篇之不能不降而楚辭，楚辭之不能不降而漢魏，漢魏之不能不降而六朝，六朝之不能不降而唐也，勢也。用一代之體，則必似一代之文，而後爲合格。」所以漢賦、六朝駢文、唐詩、宋詞、元曲、明代戲曲、清人小說爲主流，而樂府詩、傳奇、散文等爲暗潮。

❷ 見周禮考工記總目，又見後漢書馮衍傳注引晏子。

❸ 見荀子勸學篇。

❹ 見中庸第二十六章。

❺ 同註❹。

❻ 見老子第二十五章。

❼ 見論語子罕篇。

❽ 見李白樂府詩將進酒。

❾ 見杜甫七律登高。

❿ 以上數句用淮南子精神訓，春秋繁露人副天數篇，以及文心雕龍序志篇文，略加點化而成。

⓫ 中國古代文學與學術思想不分，故班固漢書有儒林傳而無文苑傳。時至六朝，道術分裂，范曄作後漢書，儒林文苑二傳並列。故文學得視爲學術思想之一環。

⓬ 參見日人丸山學之「文學研究法」可知。此書國人郭中虛譯，商務印書館出版。

⓭ 六朝如劉勰文心雕龍有原道、宗經之篇。北朝顏之推家訓，有文章篇。唐白居易與元九書。宋李覯原文。張炎詞源。明宋濂著文原上下篇。袁宗道有論文上下。葉燮有原詩內外篇。清章學誠文史通義，有原道、詩教等篇。

⓮ 見四庫全書總目提要集部詩文評類前言。

⑮ 見清章學誠文史通義詩話篇。
⑯ 見清初黃叔琳文心雕龍註序。
⑰ 通性和別性，也就是佛語諸法中之共相和自相。通於他之相曰共相，局於個體之相曰自相。例如五蘊中之五蘊（色、受、想、行、識），是自相；空無我等之理，生住異滅等之相，是共相。
⑱ 雅氏「詩學」國人傅東華有譯本，商務印書館印行。
⑲ 克氏「美學原理」、正中書局編輯委員會有重譯本。
⑳ 托氏「藝術論」，國人耿濟之有譯本，地平線出版社印行。
㉑ 朱光潛「文藝心理學」，開明書店印行。
㉒ 見清紀昀文心雕龍評，徵聖篇評。
㉓ 見劉勰文心雕龍宗經篇。
㉔ 見劉勰文心雕龍原道篇。

第二章　經典的內涵及其文學成分

第一節　前言

欲探究「中國文學的本源」，必先了解從自然之文到人爲之文的衍化流程上，聖人何以能成爲催化的媒介？劉勰著文心雕龍，對這個問題，曾有突出的看法，他認爲聖人之所以爲聖，由於他富有「鑑周日月，妙極機神，文成規矩，思合符契」❶的潛能。故而「原道心以敷章，沿神理而設教」❷，把不可得聞的天道，轉化爲出口成誦的文章。但這些文章，在累世相傳之後，經孔子起而刪述，於是「易張十翼，書標七觀，詩列四始，禮正五經，春秋五例」❸，不僅集上古文化之大成，成歷久彌篤的「經典」，而且還和經典相互生發，作「十翼」以贊述易經，作「七觀」以閱讀書經，作「四始」以爲排比詩經的準矩，作「五經」以爲禮經的通則，作「五例」以爲刪削春秋的筆法。所謂「述而不作」，對中國文化的集結與闡揚，有極大的貢獻。至於經典之文又是如何？劉勰一則曰：「聖文雅麗，固銜華而佩實者也」❹，再則曰：「或簡言以達旨，或博文以該情，或明理以立體，或隱義以藏用」❺。可見聖人的文章，是雅麗兼備，華實互用；當繁則繁，當簡則簡，當隱則隱，當顯則顯。劉勰在文心雕龍原道篇，讚孔子對中國文學的貢獻說：「夫子繼聖，獨秀前哲，鎔鈞六經，必金聲而玉振，雕琢情性，組織辭令，木鐸啓而千里應，席珍流而萬世響，寫天地之輝光，曉生民之耳目矣。」所謂「千里應」「萬世響」，試想這是何等意義！何等關切！又是何等價值？

劉勰既然純粹從文學的立場來看「經典」，則「經典」的內容和價值，就完全有了新的面目，新的開展，新的突破，和新的評估。這與兩漢以及後世經生，牢守着注不破經，疏不破注的觀念，有斷然不同的地方。所以他對人之爲文，必須問津周孔，推本「經典」，從中國文學演進的大勢上看，自是追根究柢。「經典」爲中國文學的本源既明，則其內涵到底包括些甚麼？所指何經？以及孔子與經典的關係？和經典之中，是否有文學可宗的成分？這都是我們應該進一步追討的問題。

第二節　經典的內涵

莊子天運篇和禮記經解篇，都說孔子曾經删述六經，而六經指的就是易、書、詩、禮、樂、春秋。其後樂經亡於秦火，漢置五經博士，定易、書、詩、禮、春秋爲五經，且以此取士。後有稱七經者❻，卽於五經之外，加上周禮、儀禮。有稱九經者❼，於七經之外，又加孝經、論語。有稱十三經者❽，指的是易、書、詩、周禮、儀禮、春秋左氏傳、穀梁傳、孝經、論語、孟子、爾雅。兩宋以後，學者爲了緩和佛學的衝擊，強化傳統思想的韌力，於是取禮記中的大學、中庸兩篇以配論語、孟子，謂之四書❾。總上各著，或爲孔子所删定，或爲孔子弟子或再傳弟子所記孔子及其本人的語錄，或爲訓釋經文的傳注，或爲周、秦、漢儒有關禮教之雜著彙爲一編，或爲相傳周公的作品。無論如何，這些都是孔子上繼先聖，下啓來學的遺教。因此所謂「經典」的內涵，實際上就是孔子學術思想的總匯，被後世儒家奉爲無尙規臬者。同時也是班固所說的「游文於六藝之中，留意於仁義之際，於道最爲高」❿者是也。

經典的內涵，旣有五經、七經、九經、十三經、外加論、孟、學、庸四書，總總不同的歸類。那麼所謂「中國文學本源」的「經典」也者，到底以何種歸類爲標準乎？劉勰文心雕龍宗經篇講到經典系列的時候，說：「皇世三墳，帝代五典，重以八索，申以九丘，歲曆緜曖，條流紛糅。自夫子刪述，而大寶啓耀。於是易張十翼，書標七觀，詩列四始，禮正五經，春秋五例，義旣挻乎性情，辭亦匠於文理，故能開學養正，昭明有融。」正式標擧了「易、書、詩、禮、春秋」五經，爲中國文學的本源。而非泛指後加的七經，九經或十三經。同時推尊其在內容思想方面，是「義旣挻乎性情」；在文采辭藻方面，是「辭亦匠於文理」，故能開啓後學，涵養正道，光芒萬丈，永照人寰。至於論、孟、學、庸，學、庸本各爲禮記中的一篇，孟子於先秦不過諸子之一，唐宋後人始列次於聖人之亞⓫，劉勰於文心置孟子於諸子篇⓬，尙可見其有不得與孔子並尊之意。論語，乃六藝的附庸，經部的傳記。文心雕龍入之論說篇。均非中國文學之本源也自明。

第三節　孔子與經典

孔子者，中國文化之重心，無孔子卽無中國文化。孔子以前，數千年的文化，賴孔子而傳；孔子以後，數千年的文化，賴孔子而開。卽使今後我國欲博採西方之長，別造新文化，則孔子在傳統與現代結合的關鍵上，仍有其不可忽視的地位⑮。故探討中國文學的本源，必須肯定孔子與經典在中國學術思想上的超越性，然後才能給「文必宗經」找到落實的基點。

孔子不僅爲儒家的始祖，實開九流的先河；五經更是古代道術的總匯，非儒家所得而私有。古今論證此理者，多不勝擧，以下僅採莊子、班固和目錄學上的說法，用見一斑。莊子天下篇論「古之道術」，以爲所謂「道術」者，「其運無乎不在，其明而在數度者，舊法世傳之史，尙多有之」，接着又說：「其在詩書禮樂者，鄒魯之士，搢紳先生多明之」。按「鄒魯之士」與「搢紳先生」，指的正是孔子。「詩、書、禮、樂」，卽孔子刪定的六經。至於談到六經對中國學術思想界的影響時：他說：「其數散於天下，而設於中國者，百家之學，時或稱道之。」後因「天下大亂，賢聖不明，道德不一，天下多得一察焉以自好，譬如耳目鼻口，皆有所明，不能相通；猶百家衆技也，皆有所長，時有所用。雖然，不該不徧，一曲之士也。」於是又各用其一曲之見，來釽析天下的至理，以至「內聖外王之道，闇而不明，鬱而不發。」因此，他以極其悲觀的語氣說：「悲夫！百家之往而不反」，「道術將爲天下裂」。所以戰國諸子實乃分裂後的「方術」，「不見天地之純，不識古人之大體」者！莊子，道家。莊子之書，道家之書，非後世尊經尊孔之言也。其論「古之道術」時，推崇「孔子與經典」，以爲「百家之學，時或稱道之。」尊爲中國學術思想界不祧之宗。則不僅孔子開九流十家的先河，就經典而言，亦絕非儒家所得而私有。於此可獲一碻證矣。

其次，班固漢書藝文志對此也有強烈的暗示。他在諸子略中，言儒家的流衍及孔子被推尊爲宗師的過程時說：「儒家者流，蓋出於司徒之官，助人君，順陰陽，明敎化者也。游文於六藝之中，留意於仁義之際，祖述堯舜，憲章文武，宗師仲尼，以重其言，於道最爲高。」細繹所謂「宗師仲尼，以重其言」之意，正暗示仲尼本非儒家之師，言亦非儒家經典，祇因思想相近，持理相同，故儒家尊之爲宗師，兼重其所言，若仲尼本爲儒家之師，言本爲儒家所重，則班氏又何必多此一說乎？箇中道理，固不待辯矣。所以他在講述九流十家之學時，多取孔子之說，作爲考評的標準⓭。這更是他獨尊孔氏，降抑百家的具體證明，文末復引易繫的話，加以申論云：「天下同歸而殊途，一致而百慮。今異家者，各推所長，窮知究慮，以明其指。雖有蔽短，合其要歸，亦六經之支與流裔」。既然「異家」是六經的支與流裔，則六經便是「異家」的根本源頭。儒家亦「異家」之一耳。其不得據「孔子」與「六經」爲私有者，更比類可知了。

最後，我們從目錄學上，也可印證這個道理。我國目錄學之祖向、歆父子，承命領校中秘，總羣書而奏七略⓮。七略者：輯略、六藝略、諸子略、詩賦略、兵書略、數術略、方技略也。而初校書時，劉向負責校經傳諸子詩賦，步兵校尉任宏校兵書，太史令尹咸校數術，侍醫李柱國校方技，則七略的撰寫，是以書籍的性質爲圖書分類的標準可知矣。今七略雖亡，而班固曾「刪其要，以備篇籍」⑮，成藝文志，根據所言輯略爲總論，已被班氏所刪。以下六略即分古書爲六類。六類之中，「六藝略」裒然居於羣書之冠。六藝者，六經也。自茲以後，若魏鄭默著中經，晉荀勗錄新簿，宋王儉的經典志，梁阮孝緒七錄，唐魏徵奉撰的隋書經籍志，一直到清朝四庫全書，莫不將經典特立一門，且列於四部之首。此固由於受兩漢以來「尊經」觀念的影響，但亦未嘗不可由此說明中國學術思想的大本大源。中國學術思想既本源於經典，則經典非儒家所獨有，孔子亦不止是儒家的始祖，由此也可得到明白的印證。

況孔子爲春秋人，而戰國始有諸子之學；通觀先秦典籍，孔子從未以儒家的宗師自命，但却公開宣稱自己是「述而不作，信而好古」⑯的學者，其於經典，似亦爲整理古書之「述」的工作，但古書的材料，雖古已有之；可是經過孔子的一番贊修後，殆莫不各賦予新含義和新生命。所以於其謂之「述」，無寧謂之「作」來得恰當。唐李習之答朱載言書云：「擬章稱詠，津潤怪麗，六經之詞也。創意造言，皆不相師。故其讀春秋也，如未嘗有詩也；其讀詩也，如未嘗有易；其讀易也，如未嘗有書也。」這一段話正可以說明經典各具風格，孔子以「述」代「作」的眞象。故孔子者，超越百家，獨秀前哲，經典的開祖。而經典者，學術思想的總匯，中國文學的本源。言中國文學如不扣緊此一基點，甚或以爲是獨尊儒術，罷黜百氏的話，則不僅低估了孔子的地位，更非眞能了解孔子與經典關係的探本之論。

第四節　經典中的文學成分

經典中有沒有文學成分，關係中國文學本源至大。蓋經典中如缺乏文學成分，卽令「易、書、詩、禮、春秋」有無限的崇高，她也許有助於政敎修爲，則其必不能被推爲中國文學的本源。所以徧觀古今學者解說五經價值的，無慮百數，而說得最爲精賅明備者，於此僅擧孔子、司馬遷、劉勰等三人爲例。

孔子是從政敎修爲方面，論經典與文化關係的。他的看法見於禮記經解篇，云：「入其國，其敎可知也：溫柔敦厚，詩敎也；疏通知遠，書敎也；廣博易良，樂敎也；絜靜精微，易敎也；恭儉莊敬，禮敎也；屬辭比事，春秋敎也。」又說：「詩之失愚，書之失誣，樂之失奢，易之失賊，禮之失煩，春秋之失亂。」可見經典雖盡善盡美，人如不能行而有節，一旦表現於風俗敎化方面，必會發生極大偏差。所以對經旨有深入瞭解的人，不祇要運用她的敎義，還要謹防施行時所發生的流弊。因此，孔子又說：「其爲人也，溫柔敦厚而不愚，則深於詩者也。疏通知遠而不誣，則深於書者也。廣博易良而不奢，則深於樂者也。絜靜精微而不賊，則深於易者也。恭儉莊敬而不煩，則深於禮者也。屬辭比事而不亂，則深於春秋者也。」經典與政敎的關係，經由孔子的分析，我們可以得到相當具體的概念。

西漢司馬遷作史記，是由歷史方面來看經典的。他的言論見於太史公自序，他說：「易，著天地陰陽四時五行，故長於變。禮，經紀人倫，故長於行。書，紀先王之事，故長於政。

詩，紀山川谿谷，牝牡雌雄，故長於風。樂，樂所以立，故長於和。春秋，辨是非，故長於治人。是故禮以節人，樂以發和，書以道事，詩以達意，易以道化，春秋以道義。撥亂世反之政，莫近於春秋。」觀此，則知六經各有偏重，或長於變，或長於行，或長於政，或長於風，或長於和，或長於治人，天時人事，百工技藝，莫不備具其中。不過子長既專從史學的觀點來看經典，則經典皆成了歷史的注脚，所謂「六經皆史」，其效益自有與孔子不同的地方。

至於純粹用文學眼光，而又有系統的來透視五經成分的，莫早於南朝齊梁之際的劉勰。他作文心雕龍，專設「宗經」之篇。由於他持的立場與態度和前人迥異，所以經典在他的評估下，重新得到肯定，他說：「易為談天，入神致用，故繫稱旨遠辭文，言中事隱，韋編三絕，固哲人之驪淵也。書實記言，而詁訓茫昧，通乎爾雅，則文意曉然。故子夏嘆書，昭昭若日月之代明，離離如星辰之錯行，言昭灼也。詩主言志，詁訓同書，摛風裁興，藻辭譎喻，溫柔在誦，故最附深衷矣。禮以立體，據事制範，章條纖曲，執而後顯，採掇片言，莫非寶也。春秋辨理，一字見義，五石六鷁，以詳略成文，雉門兩觀，以先後顯旨，其婉章志晦，諒已邃矣。」⓱文中於「易」，所謂「旨遠辭文，言中事隱」；於「書」，所謂「記言」，所謂「昭昭若日月之代明，離離如星辰之錯行」；於「詩」，所謂「言志」，所謂「摛風裁興，藻辭譎喻，溫柔在誦，最附深衷」；於「禮」，所謂「採掇片言，莫非寶也」；於「春秋」，所謂「詳略成文，先後顯旨」；無一不是循著文學的脈絡，來剖析羣經。羣經也就在這種狀況下，從原來政教修為的典範中，擴展了她的效用，活潑了她的生機，付予了新的意義，成了中國文學的本源。所以劉勰又說：「經也者，恆久之至道，不刊之鴻教」[18]；「淵哉鑠乎，羣言之祖」[19]，眞是「百家騰躍，終入環內」[20]了。

不僅如此，劉勰還特別指出春秋與尙書二經，在行文方面的獨特風格。他說：「尙書則覽文如詭，而尋理卽暢；春秋則觀辭立曉，而訪義方隱。此聖文之殊致，表裏之異體者也。」[21]現在我們細繹尙書的行文：如甘誓、湯誓、文侯之命的旣簡且明；呂刑之哀矜惻怛；盤庚、大誥、多士、多方之委曲詳盡；秦誓之寓意沈痛，而造語駿邁。以及皐陶謨思日贊贊，賡歌抒懷；記載了當日他們君臣之間，交互儆惕的情形，千載以下，尙如見其影，如聞其聲。再是春秋左氏的轉述經旨，敍述行師作戰，則簿領盈視；論備火攻擊，則區分在目；言奏捷得勝，則收獲都盡；記人馬奔放，則披靡橫前；申盟誓約，則慷慨激昂；稱譎詐敵，則欺誣可見。或訣詞以潤簡，或美句以入歌；可說是跌宕不羣，縱橫自得。眞乃工侔造化，思涉鬼神[22]。所以彥和稱爲「聖文之殊致，表裏之異體」[23]，這正是二書的碻評。

以上援引了孔子、司馬遷與劉勰三氏之說，來徵驗經典政教、歷史和文學上的關係。他們持論的角度愈有出入，愈能看出經典涵蓋的範圍廣遠，蘊藉的意義無窮。講到這裏，我突然想起唐李習之答朱載言書有云：「六經之詞也，義深則意遠，意遠則理辯，理辯則氣直，氣直則詞盛，詞盛則文工。如山之有恒華嵩衡……如瀆之有淮濟河江……。」所以對中國文學而言，經典正像樹木之根，流水之源，有永久不竭的生命力。

第五節　結論

人之所以可貴，在於有理性；山之所以可愛，在於有寶藏。如果山不藏寶，其勢雖高，有何可愛；人無理性，其位雖尊，有何可貴。文學者，國家靈魂之所寄，民族生命之所託。言爲心聲、書爲心畫，不言，誰知其心聲；不書，誰知其心畫。故國家的興亡，民族的勝衰，社會之隆汚，人心之振靡，莫不與文學息息相關。孔子集上古文化的大成，五經爲學術思想的總匯。中國文學既屬學術思想的一環，則其宗師仲尼，根源五經，已信然有徵。夫五經之與文學，猶車輪之相依，形影之相隨，相激相盪，相輔相成。學記云「先王之祭川也，先河而後海，或源也，或委也」。今國家多難，山河待整，如果我們能善作理智的抉擇，發掘傳統的寶藏，則中國文學必能在民族文化的園地裏，發榮滋長，生生不息。

附註

❶ 引文見文心雕龍徵聖篇。

❷ 引文見文心雕龍原道篇。

❸ 引文見文心雕龍宗經篇。

❹ 引文同注①。

❺ 引文同注①。

❻ 七經之說，起於東漢。後漢書張純傳云……「純乃案七經讖、明堂圖。」章懷太子注：「七經謂詩書禮樂易春秋論語等。」又同書趙典傳云：「典博學經書」謝承書注：「典學孔子七經。」劉申叔經學教科書云：「以論語、孝經配五經，是爲七經。」清康熙帝御纂七經，以易、書、詩、春秋、周禮、儀禮、禮記爲七經。各以時尚去取，七經之名，今無定論。本文採御纂說。

❼ 唐宋取士，皆用九經。於開元八年，由國子司業李元瓘奏定爲三禮、三傳及毛詩、尙書、周易等。宋之九經、間與此不同。根據宋巾箱本九經書目，所載有易、詩、書、春秋左氏傳、周禮、禮記、孝經、論語、外加孟子。本文採巾箱本說。

❽ 南宋時，於十二經之外，又加孟子，是爲十三經。是時刻版術盛行，卽有合刻之十三經注疏。從此十三經之名，遂一定而不復更易。

❾ 自程子抽出禮記中的大學、中庸兩篇，配合論語、孟子，稱爲四書後，朱子又爲之注。於是四書便成爲初學必讀之書矣。

❿ 引文見班固漢書藝文志諸子略「儒家者流」。

⓫ 唐之韓愈，尊崇孟子。謂能繼堯、舜、禹、湯、文、武、周公、孔子之道統，遂開宋儒尊孟的先聲。宋有孫奭，作孟子疏，列爲十三經注疏之一。二程表章孟子。後朱子又輯宋儒十二家之說，作孟子集義，及孟

子集解。於是孟子的地位，得與至聖並列。

⓬ 文心雕龍卷四諸子篇云：「逮及七國力政，俊乂蠭起。孟軻膺儒以磬折。」

⓭ 漢書藝文志諸子略言九流十家的得失，班氏多取孔子之說予以徵驗。如儒家引孔子曰：「如有所譽，其有所試」。道家引「易之嗛嗛，一謙而四益」，法家引易曰：「先王以明罰飭法」。名家引孔子曰：「必也正名乎！名不正，則言不順；言不順，則事不成」。縱橫家引孔子曰：「誦詩三百，使於四方，不能專對，雖多亦奚以爲？」又曰：「使乎！使乎！」農家引孔子曰：「所重民食」。小說家引孔子曰：「雖小道必有可觀者焉；致遠恐泥，是以君子弗爲也」。文末復引孔子曰作結。如仲尼云：「禮失而求諸野」。始終認爲孔子和經典的地位，應凌駕諸子之上。則班氏視孔子與經典爲中國學術之本源、其意晃朗可得。

⓮ 班固漢書藝文志序：「至成帝時，以書頗散亡，使謁者陳農求遺書於天下。詔光祿大夫劉向校經傳諸子詩賦。會向卒，哀帝復使向子侍中奉車都尉歆卒父業。歆於是總羣書而奏七略。」

⓯ 見班固漢書藝文志序。

⓰ 引文見論語述而篇。

⓱ 引文見文心雕龍宗經篇。

⓲ 引文同注⓱。

⓳ 引文同注⓱。

⓴ 引文同注⓱。

㉑ 引文同注⓱。

㉒ 此處採自今人高葆光先生左傳文藝新論，而略施點化。

㉓ 引文同注⓱。

第三章　經典在中國文學發展中的韌性

第一節　前言

無論研究任何學問，總要先將那門學問的大本大源掌握着，然後或由全面觀察部分，或由部分囘溯全面；始能見其全，能見其大。此所謂「先立乎其大」者是也❶。過去文化人類學家，對學術文化的發展，有三種不同的學說❷：第一演化說，第二播化說，第三批評派與功能派說。照第一種學說，人類思想和文化，各有其獨立之發展與演進，完全和外來思想無關。照第二種學說，一個民族或國家的文化，都是來自外國，且同出一源。照第三種學說，承認文化有其獨立性，但也受外來的影響。不過外來文化與本地文化接觸後，因影響而發生改變，是雙方的，不是片面的。這樣既注意到文化發展的自定性，也兼顧到他定性。據此三說，來看「中國文學」的發展，其在自我演進的過程中，雖然歷遭外來文化的衝擊而受到影響；但在中國精深博大的學術思想的涵蘊下，「經典」始終負起主導的角色，以無限充盈的生命力，作爲融舊取新的源泉。所以講中國文學發展史，必先從文化的觀點，去逆溯其脈絡之所自，發掘其變遷之所由，然後始知匯海百川，必有主流，龍袞九章，但挈一領。否則眞所謂「首尾橫決，陳義蕪雜」❸，只有點線陳列，不見全體大用，那就眞的是歧路亡羊，不知伊於胡底了。

第二節　文學不是獨立成長的個體

從清朝光緒三十年（西元一九〇四），林傳甲先生編著第一部中國文學史以來❹，七十多年間，先後以通史性質講授中國文學，而又會最成書的專門著述，根據手邊的資料統計不下七十五種，近年新編的中國文學史甚多，爲數當不在此限❺。這七十五種文學史，居今縱然不能完全看到，可是能夠閱讀到的像曾毅、謝无量、錢基博、譚正璧、容肇祖、胡雲翼等人的作品，也爲數可觀。他們對我國文學的發展，始終認爲文學與政治不可分，各種文體也因爲具有政治的後援，才得到發展的溫床，所以硬把脈絡一貫的中國文學，派在以政治分期的坐標上。例如目前華正書局出版的「中國文學發展史」便是顯證❻。

此書以時代先後爲經，文學發展爲緯。從第一章殷商社會與巫術文學起，而周詩的發展趨勢及其藝術特徵，以下又分秦代文學、漢賦的發展與流變、魏晉南北朝的文學思潮、唐代文學的新發展、宋代的社會環境與文學思想、元代的散曲、明代的戲曲、一直到清代小說，全書三十一章。雖然編者對各代文學家著作的敍述，以及當時和後人對這些著作的批評，敍述詳備；但編者似乎認爲文學只是獨立成長的個體；在整個中國文學發展的層面上，她和「經典」的源流關係，以及和外來文化由接觸而融和的情形，不但分析簡略，甚至根本不予重視。似乎有意強調文學與學術思想無關，尤其與「經典」無關。

因此今人言文學者，只知有「文」，不知有「學」❼；尤不知於爲「文」之外，尙須以「經典」爲之源、爲之主導；甚而以爲「經典」應屬經學史，學術思想應屬學術史或思想史，文化應屬文化史。文學史只能講文學，自是天經地義，無可厚非。孰不知學術重分析，尤當重綜合。分析可知其流，綜合可觀其源。天地間旣無無根之木，無源之水，又安有無祖之學乎。中國文學之有本有源，不待辯而決矣。

過去南朝的劉勰目睹一去聖久遠，文體解散，辭人愛奇，言貴浮詭，離本彌甚，將遂訛濫」❽，尤其有些人「邁德樹聲，莫不師聖，而建言修辭，鮮克宗經」的情形❾，於是肩起徵聖宗經的大纛，建立「正末歸本」❿的文學理論。正末者，正文學末流之弊；歸本者，歸於經典之正。徵聖、宗經不是復古，更不是文學退化論，而是在文學的大業，日新又新，不斷發展中，達到「望今制奇，參古定法」⓫的目的。否則在中國文學演進的過程裏，如不能彰顯「經典」的地位，體認文學爲學術思想之一環，而獨是其是的話，那必然的像「壽陵餘子」之學步於邯鄲，未得國能，反矢其故行。棄其本而逐其末⓬，這是多麼不值得！

第三節　中國文學的三大變遷

觀中國文學的發展，如姑且從唐堯、虞舜開始⓭，到民國開元爲止，少說也有四千年以上的歷史。其間作家之多，作品之富，錯綜複雜的情形，較一部二十五史並不多讓。所以我們要想在這五光十色的中國文學裏，尋得她演進的血脈經絡，確實不易。

文學旣是學術思想的一環，而學術的成長和發展，多呈由一元到多元的現象，有類乎細胞分裂。細胞分裂固有賴於其自身的原形質，但如沒有外攝的養分，提供活動所需要的熱量，也決無從完成其生生不息的任務。所以我們以文化演進的基點，諦觀中國文學四千多年來的動向，大別有三大變化：一、是純中國文化期的「中國文學」。時間是自邃古以迄兩漢，爲我民族本其創造力，由原始部落而建設國家，此即北方文學之詩經與南方文學之楚辭，經吸收而結合而發榮滋長的時期。二、是中印文化交流期的「中國文學」。時間是自魏晉以迄清初，爲印度佛教文化輸入我國，與我固有文化由初相牴牾，繼而融合的時期。三、是中印兩種文化均形就衰而西方物質文明挾其船堅礮利的威勢以俱來，經過相激相盪由堅決排拒，到漸次合流的時期[14]。此三期起初並無截然畫分的界限，但綜其蟬聯蛻化之迹，似皆有脈絡畛畔，可供尋繹。實則我民族以「經典」爲核心之文化，極富韌性，故自古迄今，纚纚相屬而綿延不絕。

我國遠古文物，蕩於洪水，雖有傳說，由於迹近神話，姑且置而不論。單從洪水以後觀之，周居西北，商處東南，武王伐紂而爲天下共主後，遂使東西兩大民族，由接觸而融和。之後，在中國文學的史乘上，留下了前後五百年的民族詩篇。後經孔子刪述[15]，取爲敎授生徒的學習資源，於是雅頌各得其所，三百十一篇詩歌總集的「詩經」出現後，以黃河流域爲重心的北方文學，才有了正式的代表作。

時至三戶亡秦，漢高稱帝以後，從文學變遷的形勢上看，前有以四言爲正體的詩經[16]，後有以「六義附庸，蔚成大國」的辭賦[17]。由詩經到漢賦的文路歷程上，其中經過兩百年的醞釀，漢賦才由始起而興盛而終達顚峯狀態。最後，並以絕對壓倒的優勢，取代了以詩經爲主流的北方文學地位。甚而雄才大略的政治領袖如漢武帝劉徹，與全國第一流的作家如司馬相如、枚皐、東方朔等，都完全投身於此一新興的文學體裁之中。但漢賦之所以能爲一代文學主流，並非偶然，中間屈、宋楚辭，便擔負着這種承先啓後，繼往開來的使命。同時也是中國北方文化，經吸收而結合的具體證明[18]。

正當東漢王仲任高談問孔、刺孟的時候[19]，印度佛教由內典的翻譯，而教義的弘揚，已悄悄地和我國傳統思想發生了尖銳的爭執。尤其魏晉以後，竹林七賢雖是中國名教的叛徒，却爲釋老並興的功臣[20]。直到太宗李世民崛起北方，削平羣藩，結束了時代的動盪，建立大唐帝國以後，中印學術思想由牴觸而消化，四百年的艱苦歲月，中國文學才如日出重霾，嶄露新生的曙光。造成唐詩、宋詞、元曲、明代戲劇、清人小說的勝景。

清朝道光二十二年（西元一八四二），中英鴉片戰爭，訂立江寧條約（又名南京條約），迄今民國七十七年（西元一九八八），適一百四十六年。在以往的一百四十六年中，西方列強曾挾其船堅礮利的淫威，強迫輸入物質文明。同治年間，清廷遣使出洋後，國人方知西方立國自有本末。於是有識之士，欲從政治、經濟、社會、甚至教育文化各方面，謀求根本上的改革。但因內憂外患，紛至沓來，生存自由之惟恐不暇，更遑論學術思想之傳承矣。文學也就在這種時勢的衝擊下，通俗和大衆的語體文，便應運而成當前的寵兒。百年來的文壇，亦如其他學術一樣，希望找回屬於眞正的自我，結果却在中西新故的對立中，迷失了自己。

更不敢肯定「經典」思想在傳統與現代結合上的價值㉑，甚而有言之者，大家都目之爲落伍、滓渣，爲歷史的餘孽。於是皆噤不敢言。

綜合上述，我們可以從學術文化演進的立場，將中國文學發展的主流，勒成下面的簡圖，以利讀者對照。

中國文學發展各代主流表

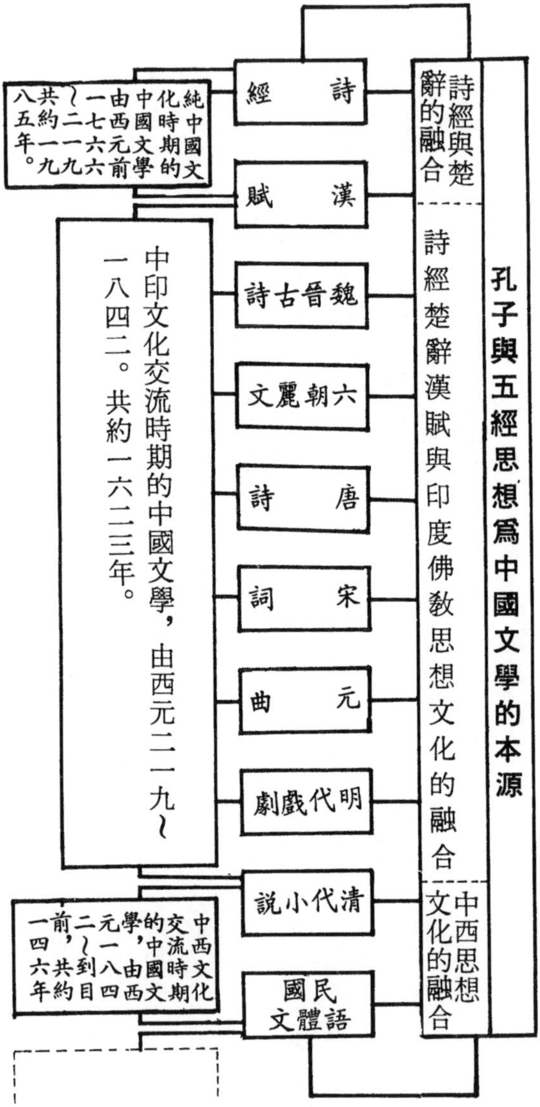

說明：

一、本表第一欄顯示中國文學的本源是「經典」。
二、本表第二欄說明各時期中外文學交流的主體。
三、本表第三欄顯示中國文學發展的主流，非文學主流者不錄。所謂「一代有一代之所勝」是也。
四、本表第四欄說明中外文化發展接觸與融合的時間。
五、虛線代表未可預知的將來。

第四節　經典扮演的角色

純中國文化時期的中國文學，是詩經獨佔的局面。因楚國地靈人傑，又汲取中原文化的菁華，時至戰國，屈宋楚辭，便帶着濃厚的鄉土色彩，正式和北方的詩經分庭抗禮（其實「詩經」和「楚辭」都是道地的鄉土文學）。秦漢之交，荀卿、陸賈、賈誼的先後提倡[22]，枚乘、司馬相如、揚雄的爭光鬻采[23]，從此辭賦就執了兩漢文壇的牛耳。所以劉勰說：「賦也者，受命於詩人，而拓宇於楚辭」[23]，又說：「秦世不文，頗有雜賦，漢初詞人，順流而作，陸賈扣其端，賈誼振其緒，枚馬播其風，王揚騁其勢，皐朔已下，品物畢圖。繁積於宣時，校閱於成世，進御之賦千有餘首，討其源流，信興楚而盛漢矣」[24]。「賦自詩出」[25]，其淵源自爲顯然；而經典所扮演的主導角色，亦不辯自明。至於同代發展的其他文體，如樂府詩、史傳文，在文學轉進的過程中，都化成了伏波。純中國文化時期的「中國文學」特色，是無論任何文體和作品，以及作家活動的範圍，作品帶動的資料，均局限於中國本土。後來從事研究的學者，還可以運用我傳統的思維方法去判釋；但魏、晉以後，迨中印文化發展生了密切地接觸，則中國文學便起了空前的變化。

中印文化交流期的「中國文學」，由內容思想方法之變，到表面形式體裁之變。換言之，也就是在純中國文學的生命裏，注入了印度佛教文學的思想和技巧。只要我們靜言以思，便可以知道經過魏晉六朝將近四百年的交通融會，中國文化在極端痛苦的掙扎下，從原來的軀體裏，去抽血換骨、然後再生肌長肉，去學著如何擷取印度佛教文化之長，補我傳統學術之短，最後經過胚胎、催生，竟然孕育出唐詩、宋詞、元曲、明代戲劇、清人小說等，種種不同的新體裁，使中國文學表現了多采多姿的層面。我嘗說：「如果不是中印文化交流，不僅中國的歷史需要改寫，就是唐詩、宋詞，後代這些璀璨的文學遺產，能否產生？或即令產生，其形式是否如今日所見，恐怕都在未定之天」。當此之時，經典思想雖因釋老並興而一度消沉，但魏晉之士，把麈樹義，移談玄以談經；南北朝崇佛教，本佛座說法的宗風，有升座說經之例。唐有天下，儒敎聿興，太宗以去聖久遠，章句繁雜，永徽四年詔頒五經正義，一時才士，多由此出。五代迄宋，其制不改。元明以後，雖不廢漢唐之學，而朱子四書集註，幾同日行中天，大明於世㉖。所以在文學的大動脈裏，雖然保持着中印文化交流的體系，而經典思想却仍舊上承先聖，下開來學，爲文學創作的主脈。

中西文化交流期的「中國文學」，從中英鴉片之戰，正式揭開序幕以來，由於舞臺的壯闊，場面的浩大，參與人物的複雜，以及布景的多采多姿。尤其這一次和已往特別不同者，是純中國文化時期的交流對象，以中原的詩經對江南的楚辭，加上楚人久已同化，故時僅百年，即造成漢賦的全盛。中印文化交流時期的對象，是中國對印度，且僅限於宗教。由於華夷之防㉗，竟然經過四百年的漫長時光，才在極度困難的情況下，消納了印度佛教文化，開啓了中國文學的遠景。此次中西文化交流，而是中國對世界列強，表面上不限於宗教，而事實上是以基督教自然的意識形態作後盾，舉凡哲學、政治、經濟、軍事、工商、科技、教育等，無不與我傳統文化相交鋒㉘。所以一百四十六年來，文學一直是扮演着自卑的角色。甚而有人主張中國只需科學與民主，線裝書可以丟進毛廁坑裏，打倒「孔家店」，反對「舊禮

經典在中國文學演進中的地位圖

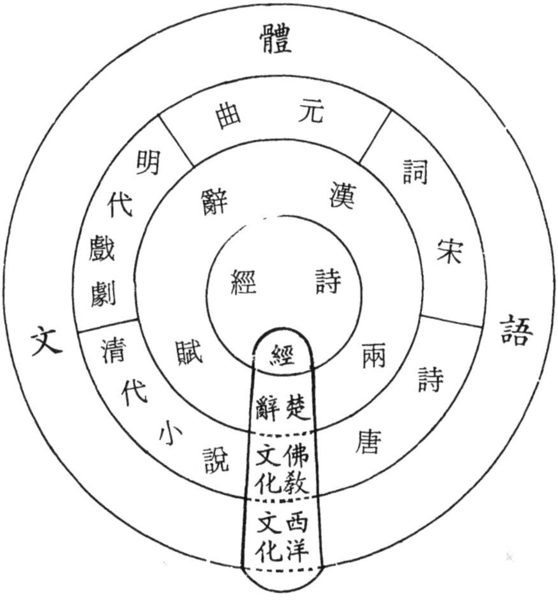

說明：

一、本圖以經典為中國文學發展的本源。
二、詩經與楚辭交流而後有兩漢辭賦。
三、經典與印度佛教交流而後有唐詩宋詞元曲明代戲劇清代小說。
四、經典與西洋文化交流而後有語體文。
五、虛線表示經典與其他文化的交流線。

教」，反對「文以載道」，反對「代聖賢立言」㉙。驀目今日，大亂方殷，國土分裂幾快半個世紀，回顧當前所以高調競鳴者，今已大多作古矣。而我國文學發展的情況又如何乎？回想她歷盡滄桑的身世，憧憬着遙遠的未來，在這個文化交流的十字路口，到底歸宿何處？是走向民族的懷抱呢？是作西方基督教文化的附庸呢？想到這裏，今後需要我們努力的地方，實在太多了。

根據上述，我們從文化交流的立場，看「經典」在「中國文學」發展中的地位，因此勒成上圖，以便讀者參考。

第五節　結論

走筆至此，本人暫時可以把上文中所強調的幾個重點，歸納成以下的結論：一、文學既是學術文化的一環，必須從整個學術文化的轉進中，才能認清中國文學變遷的眞象。而「經典」思想爲中國學術文化的重心，故「經典」是中國文學的本源。二、文學沒有進步和退步，只有隨着時代思潮而新陳代謝。但新的不一定代表進步，謝的亦並非就是落伍。因爲一時代有一時代文學之盛也。三、中國文學的發展，各代均有主流，有伏波。前一代的主流，可能爲後一代的伏波；而後一代的伏波，決不可能再成爲新一代的主流。四、文學的變遷，誠然是「風動於上，波震乎下」㉚，受到政治影響的地方，但政治力量祇能推波助瀾，不能改變思潮。惟豪傑之士，獨能開風氣之先，領袖騷壇㉛。五、中國文學由純中國文化期，而中印文化交流期，而中西文化交流期，學者必須把握各期文化交流的特色，然後走在時代的尖端，運用如椽之筆，從事造作，然後方有創獲。六、觀中國文學演進的過程，一期比一期錯綜複雜，最後終賴我博厚高明的傳統文化，和高瞻遠矚的學界人士的自覺與努力，而融合創新。所以擷取中印文化交流期，我傳統文化與佛教思想整合的寶貴經驗，可做今後中西文化交流的借鑑。

過去劉勰文心雕龍時序篇說：「時運交移，質文代變」，顧炎武日知錄也說：「三百篇不能不降而楚辭，楚辭不能不降而漢魏，漢魏之不能不降而六朝，六朝之不能不降而唐也，勢也。」劉、顧二家所謂之「時運」或「勢」，就是現在所謂之「時代潮流」，但是他們只看到現象，未說明原因。明代焦循易餘籥錄，誠然論及原因矣，但又語焉不詳和不切㉜，後人也有說明「文學變遷之痕迹與公例」者㉝，但又屬文學上的通性，非中國文學可得而私有，使歷來論中國文學發展者，均由於前賢的措辭含蓄，以至於如身處五里霧中，不能得其實。

總而言之，中國文學的本源既是「經典」，則中國文學的變遷必以「經典」爲核心。以往數千年的文學遺產，曾靠「經典」作維繫的紐帶，得以剝而後復，生生不息。相信以後數千年的文學變遷，亦勢必仰賴「經典」的韌性，作展延的基點，包容涵藏，來開拓她新生的機運。

附註

❶說見孟子告子上。
❷此三說係採自近人北京大學教授湯錫予的「玄學，文化，佛教」一書中「文化思想之衝突與調和」一文。書爲育民出版社印行。
❸原文見清代曾國藩復陳太守寶箴書。
❹林著中國文學史，京師大學堂講義，日本東京弘文堂發行，清光緒三十年（一九〇四）編，宣統二年石印本，線裝二冊。
❺見幼獅學誌第六卷第一期梁容若、黃得時二先生合輯的「重訂中國文學史書目」一文。
❻華正書局版「中國文學發展史」，係依照劉大杰先生的「中國文學發展史」原著修訂再版。劉氏原著爲民國三十年一月上海中華書局初版。書分上下冊。
❼自范曄後漢書「儒林」與「文苑」分傳後，爲文者多不知學。以爲文學和學術文化無關，此種思想於今尤甚。
❽引文見文心雕龍序志篇。
❾引文見文心雕龍宗經篇。
❿同註(9)。
⓫引文見文心雕龍通變篇。
⓬說見文心雕龍定勢篇末贊語。
⓭將中國文學之發展斷自堯舜，亦尊孔法經之意。
⓮此三期之說，另見近人中央大學教授柳詒徵「中國文化史」第一章緒論，讀者可參閱。
⓯孔子删詩，古來學者多疑之，此處採司馬遷史記孔子世家說。

⑯ 詩經以四言爲正體，見劉勰文心雕龍明詩篇。
⑰ 引文見文心雕龍詮賦篇。
⑱ 屈宋楚辭與詩經、漢賦的關係，以劉勰文心雕龍辨騷篇言之最精，可參閱。
⑲ 問孔、刺孟皆王充論衡一書中之篇名。充字仲任，東漢人。
⑳ 竹林七賢之生平事跡，各見晉書本傳。
㉑ 此種現象請參閱今人張若英先生編的「中國新文學運動史資料」，民國二十三年四月初版。
㉒ 參閱班固漢書藝文志詩賦略，文心雕龍詮賦篇。
㉓ 引文見文心雕龍詮賦篇。
㉔ 同註㉓。
㉕ 同註㉓。
㉖ 以上內容，詳見近人馬宗霍先生著的「中國經學史」第六一頁至一三九頁。
㉗ 華夷之防，於六朝之時，學術界爭執甚烈，詳情可參閱梁釋僧祐編的「弘明集」。
㉘ 詳情可參閱馮承鈞先生著的「西力東漸記」，華世出版社印行。
㉙ 同註㉑。
㉚ 引文見劉勰文心雕龍時序篇。
㉛ 此說如戰國屈宋、唐之李杜、韓柳皆其顯例。
㉜ 焦循易餘籥錄，對文學演變之公例，列有八條例證以爲說明，因文繁恕不俱載。
㉝ 如章太炎先生國故論衡辨詩，對文學演進之方式有說明，只是尙欠具體。

第四章　經典對中國文學思想的影響

第一節　前　言

既知「經典」有不可忽視的文學成分❶，和維繫文學發展的韌性❷，因此，我們從中國文學以往三千多年演進的軌跡上，進一步考察「經典」對中國文學思想、文學體裁、文學創作、文學批評四方面的影響，以見彼此間原委本末的關係，顯然有其必要。此處姑且以「經典對中國文學思想的影響」爲主題，加以探究。

第二節　文學與思想的關係

孫中山先生三民主義開宗明義便說：「主義就是一種思想，一種信仰和一種力量。大凡人類對於一件事，研究當中的道理，最先發生思想，思想貫通以後，便起信仰，有了信仰，就生出力量。❸」　孫先生所講的思想固偏重於政治方面，但文學乃民族精神的表現，國家文化的總和，與政治息息相通，所以思想的重要，在文學方面也有它不容忽視的地位。明代唐順之答茅鹿門知縣書曾經說過：「就文章家論之：雖其繩墨、布置、奇正、轉摺，自有專門師法；至於中間一段精神、命脉、骨髓，則非洗滌心源，獨立物表，具今古隻眼者，不足以與此。今有兩人，其一人心地超然，所謂具千古隻眼人也，即使未嘗操紙筆呻吟，學爲文章；但直抒胸臆，信手寫出，如寫家書，雖或疎鹵，然絕無烟火酸餡習氣，便是宇宙間一等絕好文字。其一人猶然塵中人也，雖其專事學爲文章，其於所謂繩墨、布置，則盡是矣；然翻來覆去，不過是這幾句婆子舌頭語，索其所謂眞精神與千古不可磨滅之見，絕無有也；則文雖工而不免爲下格，此文章本色也。❹」荊川先生「文章本色」之說，指的就是文章中的精神、命脉、骨髓，人如會得此中道理，自能洗滌心源，獨立物表，具有古今隻眼。試問他文中所謂的「精神」、「命脉」、「骨髓」者，究屬何事乎？一言以蔽之曰「思想」而已，「言之有物」而已。

故爲文若無思想，必定雜湊成篇，言之無物，近人林畏廬曾慨乎言之矣。他說：「今人之自號習古文者，徒於篇中索氣，於句外求響，舍思想而不知求。一至臨文，作止進退，長吟密咏，似皆有法律在焉，然無理以實其中。到喫緊處，不得不模糊，到收束處，不得不敷衍，此直是古文之套耳，又怎得謂之文哉」❺。他在此處雖然似乎是暗指桐城派末流的文弊，但卻明言鋪張浮誇，徒具華詞；虛枵空泛，獨乏精神的原因，在只知搬弄文字技巧，舍思想而不知求耳。可見文學之所以爲經國大業，不朽盛事；具有彌綸彝憲，發揮事業之功效者，端在內容思想之有無以爲斷。過去王仲任論衡自紀篇云：「爲世用者，百篇何害；不爲用者，一章無補」，細揣其意，蓋亦指文章的思想正確與否爲說。

時至近代，人多諱言文學和思想的關係，一方面是嫌其道學氣太重，另一方面是有意擺脫儒家尚用之說，乃改奉「詩言志」爲寫作圭臬❻，以爲文學的功用只在言志。而志者，心之所之也❼，則言志既包括了作者的一切心靈活動在內，作者便可以爲文學而文學，不受儒家尚用思想的束縛矣，可是事實上，思想乃作者道德、智慧、情志之蘊結，爲作品所必具。我從來不反對「爲情造文」，更對「爲文學而文學」持正面的肯定。不過，一部偉大的文學作品，若沒有正確的思想作支拄，而祇是風雲之狀，月露之形，如同醜人作怪，又何足以成其偉大。李白的天才俊爽，逸態凌雲，尤其他那「人生在世不稱意，明朝散髮弄扁舟❽，」「人生得意須盡歡，莫使金樽空對月❾」的名句，不知羨煞古今多少忘懷得失的多情種子，成就了他在有唐一代詩家所不及的地位。然而王臨川却謂其才高識卑❿，黃山谷謂其好作奇語⓫，趙次公謂其多在風月草木之間，言神化虛無之說，何補於敎化⓬哉？又施耐菴水滸傳之狀行者武松、黑旋風李逵、花和尚魯智深、浪子燕青諸人，剛直爽利，猶若天人，凡其殺人越貨之理，無不冠冕堂皇，振振有詞。而人之讀水滸傳者，又往往欣賞其對人物刻畫的工巧，狀物敍事的細膩，對於官逼民反的道理⓭，反少措意。可見正確的思想與文學創作，兩者關係之密切爲如何了。中庸上說：「道也者，不可須臾離也」，道指的就是眞理、精神、智慧、情志的總和。作者如果眞能以懇切誠摯之情，發而爲璀璨瑰麗之文，其中自有一段千古不磨的識見，和動人心弦的力量。

第三節　甚麼是經典思想

經典思想，實際上就是孔子的思想。孔子思想的特色，見於論語者，方面甚廣，若性情，若能事、若行誼、若志願。但通觀各篇，不過兩點，曰「仁」、曰「智」而已。此即子貢所說的「學不厭，智也；敎不倦，仁也。仁且智，夫子既聖矣」[14]，而「仁者，愛人；智者，知人」[15]，孔子一生，既懸「仁」「智」爲鵠的，推爲崇高的理想；又能顧到現實的基礎，肯定人生的價值。所以博施濟衆[16]，就成了他落實的基點。由此一基點，引發的文學思潮，便是側重人生，務求實效。所以他立言平易，不爲過高之論；說理不蹈玄虛，言情止乎禮義。不蹈玄虛謂之眞，止乎禮義謂之美，側重人生的精神謂之善。則孔子的文學思想，實具有眞、善、美的特色了。此一特色見之於他對作品的評述，而又顯明昭著處。如評三百篇曰：「詩三百，一言以蔽之，曰思無邪」[17]，評關雎曰：「關雎樂而不淫，哀而不傷」[18]，評詩的全體大用曰：「詩可以興、可以觀、可以羣、可以怨。邇之事父，遠之事君，多識於鳥獸草木之名。[19]」按照朱熹集傳的說法：「詩之所謂風者，多出於里巷歌謠之作，所謂男女相與詠歌，各言其情者也。若夫雅頌之篇，則皆成周之世，朝廷郊廟樂歌之詞。」[19]似乎不全合興、觀、羣、怨之旨，以及事父、事君之用，尤無當於思無邪，然而孔子之所以咨嗟咏嘆，以爲不淫不傷者，正可映襯其中心企嚮之所在，以及對於文學方面「溫柔敦厚」的思想態度了。

根據孟子的看法，孔子的思想所以精深博大，蓋聖集上古，不限時空，無所不適，如萬章下云：「孔子之謂集大成。集大成也者，金聲而玉振之也。金聲也者，始條理也；玉振也者，終條理也。始條理者，智之事也；終條理者，聖之事也」。孟子拿音樂合奏，集衆音之小成而爲大成的道理，說明孔子上集三聖而爲一大聖之事。三聖之事者，即伯夷之清，伊尹之任，柳下惠之和㉑；而爲一大聖之事者，即孔子之時。孔子旣能因時制宜，因人制宜，因事制宜，因地制宜，因物制宜，於是建中和之極，行位育之實㉒，成就了他「旣仁且智」，「成己成物」的偉大。

荀子在非十二子篇上也說，孔子是總方略，齊言行，壹統類，而羣天下之英傑，出類拔萃。並稱他於聖人的文章，歙然備具一身，社會的風俗，勃然爲之興起，所謂「寫天地之輝光，曉生民之耳目㉓」。其對當時和後世的影響，不言而喻。韓詩外傳也講，孔子「抱聖人之心，彷彿乎道德之域，逍遙乎無形之鄉。倚天理，觀人情，明始終，知得失，故興仁義，厭勢利。㉔」足見孔子的思想，正像宋儒張橫渠說的「爲天地立心，爲生民立命，爲往聖繼絕學，爲萬世開太平㉕」。而其王道思想之具體發揚，又是建立在倫理、民主、科學之三大綱領上，並運用內以修己，外以治人的方法，以達經世致用爲目的。所以清朝顧亭林日知錄云：「文之不可絕於天地間者，曰明道也，紀政事也，察民隱也，樂道人之善也㉖」，又與友人書云：「凡文之不關於六經之旨，當世之務者，一切不爲。㉗」夫「原泉混混，不舍晝夜，盈科而後進，放乎四海，有本者如是㉘」，中國文學之本何在乎？曰經典，曰孔子的思想是已。試觀古今鴻篇鉅製，若屈原的離騷，宋玉的九辨、賈誼的論過秦、陸賈的新語、司馬遷的史記、班固的漢書，甚而唐宋八大家的古文，關鄭馬白的散曲。其所以能永垂不朽者，又那一位作家不是把握了此一中心思想而發揚光大呢！

吾人探討中國文學思想，首先要知道中國文學的根本。正如研究西方文學的人，必須閱讀希臘的悲劇，史詩和聖經一樣。因爲那些是西方最古的文學作品，其精神滲入他們的思想生活，已將近二千年之久，後來的任何作品，都或多或少地受到他們的影響。所以對於那些作品如不加以研究，雖不能說他們是「數典忘祖」，但總不算是眞正懂得西方文學。同樣，先秦時代的羣經諸子，對我中華民族思想生活上的影響，更長達三千年以上，後來的文學作品，無論是散文、是詩歌、是詞曲、是小說、是戲劇，可說無一不由此演變而出，甚或直接或間接地受到他的影響。章學誠文史通義詩教篇說：「後世文章皆源於六藝，而多出於詩教」。六藝者，六經也，爲後來各種純文學與雜文學的根源所在。而詩經尤爲中國文學的開山，我國歷史上偉大的文學家，沒有一位不受這些經典的影響。所以研究中國文學，如不講明此一思想根源，如果有人說我們「數典忘祖」，我們不僅難辭其咎，退一步說，便不算是眞懂中國文學。

第四節　經典對中國文學思想的影響

古來綴文之士，多能仰體先聖修己治人的鴻規，以爲文學之能事，務在積理，而理之精者，莫過於經典，所以生平持論，常得此爲據依。今試以受其影響而特別顯著的作家，加以考察：於兩漢如董仲舒、司馬遷、劉向、揚雄、班固等，他們皆習經生家言，爲文自非苟爲炳炳烺烺，專務辭采之巧，誇張聲音之美而已。就是像長於辭賦的司馬相如，太史公以爲他的作品雖多虛浮之辭，淫濫之說，然要其歸趣，引之節儉，與詩經諷諫之義無異。至於他作的子虛、上林，實可與諫獵書相表裏。封禪文也是義正詞靡，深得三百篇的微旨，非虛妄貢諛者可比[29]。其他若桓譚新論，王充論衡，曹氏三祖，建安七子，所謂「人人自謂握靈蛇之珠，家家自謂抱荊山之玉[30]」者，如果細推他們行文造語的思想情意，也莫不取法經典，矩矱孔氏。曹植云：「昔尼父之文辭，與人通流，至於制春秋，游夏之徒，乃不能措一辭。過此而言不病者，吾未之見也。[31]」從曹子建的月旦之評，也可以看出這些當世作者們思想的一斑了。

六朝以下，經學式微，著作與文集分途，所謂「以儒素爲古拙，以詞賦爲君子，故其文日繁，其政日亂，良由棄大聖之軌模，構無用以爲用也。[32]」雖然如此，經典思想對文學的影響，仍可以從各家著名的選本中，略窺端倪，如散文選本之最佳者，莫過於姚氏的古文辭類纂，與曾滌生的經史百家雜鈔，然而細繹二書的內容，却又是尊奉明代唐荊川、茅鹿門擬定的唐宋八大家文爲圭臬。姚氏在這個基礎上，增加了元次山、李習之、張橫渠、鼂无咎、歸震川、方望溪、劉海峯等人。曾氏更廣事搜討，增加了陸敬輿、范希文、司馬君實，以及周、程、張、朱四子，和范茂明、馬貴輿等十餘家。駢文選本若王志堅的四六法海，李兆洛的駢體文鈔，王先謙的駢文類纂等，而其中莫善於李兆洛的駢體文鈔。究其所著錄者，也不過自秦迄隋而已。至於古今體詩選本之佳者，莫尚於王阮亭的古詩選和唐人萬首絕句選，和姚氏的五七言今體詩鈔、曾氏的十八家詩鈔，各書雖以王、姚所列較多，但編選最精者又推曾氏。至於曾氏所謂之十八家，計有曹子建、阮嗣宗、陶淵明、謝康樂、鮑明遠、謝元暉、王右丞、孟襄陽、李太白、杜工部、韓昌黎、白香山、李義山、杜牧之、蘇東坡、黃山谷、陸放翁、元遺山。綜各書所收，在時間方面，前後縱跨二千年；在作家方面，多達數十位。在體裁方面，有的長於散體，有的優於駢體，有的以古詩擅長，有的以近體鳴高。各家在不同的時代，以不同的體裁，和不同的風格，比肩文壇，各擅勝場。如果再把宋詞、元曲、明代戲劇、清人小說、民國以來的語體文，合併計算，其中作家之多，著述之富，眞如恆河沙數，又有不可勝計者矣。

這些作家雖然風格獨具，爭光鬻采，但逆考他們作品中所蘊藉的精神和特質，勿庸置疑的，有些地方仍與先聖那種博施濟衆，成己成物的「仁」「智」思想相脗合。何以知其如此乎?試拿曾滌生「聖哲畫像記」所列的古今家數作藍本，便可以得知箇中眞相了。他引姚姬傳的話，講研求中國學問之途徑，大致可分義理、詞章、考據三法之後，說：「若葛、陸、范、馬在聖門，則以德行而兼政事也。周、程、張、朱在聖門，則德行之科也；皆義理也。韓、柳、歐、曾、李、杜、蘇、黃在聖門，則言語之科也；所謂詞章者也。許、鄭、杜、馬、顧、秦、姚、王在聖門，則文學科也。顧、秦與杜、馬爲近，姚、王與許、鄭爲近，皆考據也。」此三十二子，固不能網羅今古，淹貫百家，但包涵的範圍之廣，作家之多，體裁之富，亦足以令人頷首與心儀。而最後竟一切皆歸本於孔門三科——德行、言語、文學之中。他這種振葉尋根，觀瀾索源的識見，雖然只是他的一家之言，可是從曾氏平生內修外治的工夫，切己體察的修養，勤懇治學的毅力，與任重道遠的抱負，自然不會阿其所好。同時也正可看出經典對中國文學思想的影響，歷久彌篤，萬古常新的情形啊！

第五節　結　論

國於天地，必有以立。我中國之所以能卓立於世界列國之林，條件固然很多，而文學實乃其中重要的條件。蓋文學之於國家，上可以逆溯古昔，而知列祖列宗建國立極之艱難；中可以糾合全體國民，激發其愛國情操；下可以貽愛萬世，宣民教化於無窮，禮記云：「無本不立，無文不行」㉝，文與本固相須爲用，而本源尤爲重要。觀歷代偉大作家，凡自道其平生思想淵源時，莫不歸本經典，絕少有離經叛道之論。由此可知，則中國文學思想之受經典影響，豈非至深且鉅乎！

附　註

❶ 見孔孟月刊第十九卷第七期拙著「經典的內涵及其文學成分」一文。
❷ 見孔孟月刊第十九卷第九期拙著「經典在中國文學發展中的韌性」一文。
❸ 見　孫中山先生手著三民主義民族主義第一講。
❹ 唐順之答茅鹿門知縣書，見荊川先生文集卷七。
❺ 林畏廬卽林紓，字琴南，號畏廬，著有畏廬論文。此處畏廬語，見於論文十六忌，忌虛枵一節。
❻ 見近人朱自清「詩言志辨」一書（華聯出版社印行）
❼ 見詩大序。
❽ 詩見李白「宣州謝眺樓餞別校書叔雲」。
❾ 詩爲李白「將進酒」。
❿ 王臨川評李太白詩語，見元祝堯編的古賦辨體。
⓫ 黃山谷評李太白詩語，見元祝堯編的古賦辨體。
⓬ 趙次公評李太白詩語，見其所著杜工部草堂記。
⓭ 說見近人魯迅著中國小說史略第十五「元明傳來之講史（下）」。
⓮ 見孟子公孫丑章上引。
⓯ 見論語顏淵篇樊遲問仁章。
⓰ 見論語雍也篇。
⓱ 見論語爲政篇。
⓲ 見論語八佾篇。
⓳ 見論語陽貨篇。

⑳ 朱熹說見詩集傳序。

㉑ 見孟子萬章下首節文。

㉒ 見中庸第一章子思述所傳之意。

㉓ 文見劉勰文心雕龍原道篇。

㉔ 見韓詩外傳卷第五、第二章。

㉕ 語出宋朱熹編的近思錄卷二爲學篇。

㉖ 亭林先生語，出日知錄卷二十一首章「文須有益於天下」

㉗ 見姚永概文學研究法第九頁引。

㉘ 文出孟子離婁下。

㉙ 司馬遷評司馬相如之語，見史記司馬相如列傳的文末贊語。

㉚ 語出曹植與楊德祖書。

㉛ 同註（三十）

㉜ 語出隋李諤論文體輕薄書。

㉝ 文見禮記禮器篇。

第五章　經典對中國文學體裁的影響

第一節　前　言

講文學必先辨文體，未有文體不明，而能勝任文學之事者。尤其中國文學，上自三代，下及民國，經史百家之言，詩詞歌賦之作，旁推交通，尋根究柢，無不言出有據，寫作有本，千門萬戶，別具洞天。故言文學如不究明體裁，幾如盲者摸象，難以識其大體了。

況且天有天體，人有人體，物有物體，國有國體，事有事體，則凡世間萬物莫不有體。而體又有大小，有方圓，有曲直，千形萬態，各盡其妙。如果當大者不大，當方者不方，當曲者不曲；甚而欲曲者反直，欲方者反圓，欲大者反小，即令製作再精，手工再巧，終因體式不合，也不一定能適合需要。

況乎文章乃言語之精，上自政府官員，下及家人父子，顯如親故師友，幽若宗祖鬼神，其不僅可以宣洩內心的情感，尤能助長文化於無形。然而身分有尊卑，勢位有貴賤，情誼有親疏，距離有遠近，文可施之於尊貴的，未必可施於卑賤，可施於親近的，未必可施於疏遠，故人之爲文欲使尊卑得宜，親疏俱當，則文體之不得不辨，以及文學和體裁關係密切的情形爲如何，是又不可不知了。所以歷來文家命筆舒藻，多以講究文體是尙，其道理就在乎此❶。

近數十年來，人或以爲文章是興之所自，隨感而發，直抒胸臆，便成妙品，何必受體裁的拘束呢？所以舉目以觀，今天的文壇，文中有詩，詩中有文，文類乎詩，詩同乎文，至於語法、修辭更是怪怪奇奇，令人望而生畏，如睹外國翻譯文字。如同不修邊幅的所謂「自由鬥士」，這也許能博得一時之名，但終難逃大方之譏彈。

第二節　文體有論，始於魏晉

我國文學之有體，雖起源於邃古❷，而文體之有論，却始於魏晉，盛行於齊梁❸。蓋由於當時人事日繁，文體隨增。加以學者專著之書日少，文人單篇之作加多。魏文帝作典論，即認爲「奏議宜雅，書論宜理，銘誄尙實，詩賦欲麗，此四科不同，故能之者偏也。」將當世文體精分爲八類，所謂奏議、書論、銘誄、詩賦是也。西晉陸機作文賦，列舉詩、賦、碑、誄、箴、銘、頌、論、奏、說諸體，並云：「詩緣情而綺靡，賦體物而瀏亮，碑披文以相質，誄纏綿而悽愴，銘博約而溫潤，箴頓挫而清壯，頌優游以彬蔚，論精微而朗暢，奏平徹以閑雅，說煒曄而譎誑。」分類不僅較魏典略詳，且對各體作法與風格，均有明確❹的要求。同期摯虞作文章流別論，根據清代嚴可均的輯佚，知道他將文體分爲頌、賦、七、箴、銘、誄、哀辭、解嘲、圖讖等十一類，雖然劉勰評其「品藻流別，有條理焉」❺，隋志也說他是「各爲條貫而論之」❻，可是他却和曹、陸兩家一樣，不能討源索流，振葉尋根（按摯虞文章流別論大多亡佚，存而可見者十中無一，所以他的內容是否和曹、陸二家一樣，還不敢斷言）。所以初期的文體論只是就事論事，尚不能與傳統相結合。劉勰說：「各照隅隙，鮮觀衢路，或臧否當時之才，或詮品前修之文，或汎舉雅俗之旨，或撮題篇章之意。魏典密而不周，陳書辨而無當，應論華而疏略，陸賦巧而碎亂，流別精而少功，翰林淺而寡要。」❼此評雖非單爲文體而發，但當世文體論的一般狀況，也自在月旦之中了。

第三節　文體之本在於經典

講文體而首推其本源的，莫早於劉勰的文心雕龍，文心雕龍上篇，從卷二明詩以下，樂府、詮賦、頌讚、祝盟、銘箴、誄碑、雜文、諧讔、史傳、諸子、論說、詔策、檄移、封禪、章表、奏啓、議對，至書記共二十篇。如果合各篇附論中所列的文體一併計算，總得一百七十九類❽。以這個龐大的數目來看，文心雕龍可謂集往古文體之大成，開後代文運的先河。宗經篇云：「論說辭序，則易統其首；詔策章奏，則書發其源；賦頌謌讚，則詩立其本；銘誄箴祝，則禮總其端；記傳盟檄，則春秋爲根」。彥和在此明白肯定，後世各種文體，皆由經典中衍生。雖然宗經篇還有尚未涉及的文體，如哀弔、雜文、諧讔、諸子、議對、封禪，但若以抽絲剝繭的方式，分別加以考察，也均能爲它們找到一脈相承的遠祖。譬如雜文篇云：「宋玉含才，頗亦負俗，始造對問，以申其志。」「枚乘摛豔，首製七發，腴辭雲構，夸麗風駭。」「揚雄覃思文閣，業深綜述，碎文瑣語，肇爲連珠。」對問，七發、連珠，既爲宋玉、枚乘、揚雄三家所創，而三家同出於騷辭，楚騷源於詩經（關於此說，見文心雕龍辨騷，劉勰註：「自風雅寢聲，莫或抽緒，奇文鬱起，其離騷哉！固已軒翥詩人之後，奮飛辭家之前，豈去聖之未遠，而楚人之多才乎！」）。所以彥和雖未明言，但細究文義，可以得到這種暗示。諸讔篇云：「宋玉賦好色，意在微諷，有足觀者。」又說：「荀卿蠶賦，已兆其體。」故諸讔自然也是直接源於騷辭，間接出於詩經。諸子篇云：「自六國以前，去聖未遠，故能越世高談，自開戶牖。」宗經篇也有「並窮高以樹表，極遠以啓疆，百家騰躍，終入環內者也。」班固漢書藝文志諸子略也說：「今異家者，各推所長，窮知究慮，以明其旨，雖有蔽短，合其要歸，亦六經之支與流裔。」可見彥和把諸子的文辭，納入五經的範疇去講，是有理論依據的❾。綜此以觀，經典爲中國各種文體的共源。而劉勰在這個認知上，確實樹立了畫破青天的新基點。

迨後，北齊顏之推作家訓，該書文章篇即據此爲說，云：「文章者，原出五經。詔命策檄，生於書者也；序述論議，生於易者也；歌詠賦頌，生於詩者也；祭祀哀誄，生於禮者也；書奏箴銘，生於春秋者也。」於是「文體胎息於經典」，不僅成了千古定論，同時更給經典對中國文學體裁的影響，增加了堅強的證據。雖然宋代陳騤著文則時說過「六經之道，既曰同歸；六經之文，容無異體。故易文似詩，詩文似書，書文似禮。……」❿以爲文體一道，彼此相通，不必顯分畛域，而實際上他是揀特殊之例爲說，不得視之爲一般的通則（更生案：例如他舉的僅是易經中孚九二、詩經抑二章，書經顧命而已，且各書只舉一例，可見並非通則。）。

至於蕭統纂輯文選，其編配選材的標準，是「事出於沈思，義歸乎翰藻」，關於「姬公之籍，孔父之書」，既不能「重以芟夷，加以剪截」⑪，乾脆略而不選。因此今人就說蕭氏輕視經典，只選有韵之文，不選無韵之筆。其實昭明之於文章是文筆兩選，軒輊不分的（更生案：此處可參考章實齋先生文史通義詩教，太炎先生文學總略，以及駱鴻凱先生文選學義例第二，便知端的。）；至於說他輕視經典，只要仔細讀他的文選序，所謂「與日月俱懸，鬼神爭奧，孝敬之準式，人倫之師表」數句，明眼人自然知道他背後的用意，不但宗經，而且推崇到不敢輕加芟夷，妄事剪截的地步。

劉勰文心雕龍倡之於前，顏之推家訓述之於後，昭明蕭統又遵之以編選總集，則文體之本，在於經典，可說已得到了確切的印證（更生案：我國古來文論家無不宗經，只要讀者們打開文話、詩話、詞話、曲話以及小說、戲曲的評語，卽可得知。）。

第四節　經典對中國文學體裁的影響

經典對後世文體的影響情形，可由各選本的內容得知。繼昭明文選後，於宋有「文苑英華」一千卷，內容尤加浩博。姚鉉的「唐文粹」，呂祖謙的「宋文鑑」，也各有百卷之富。於元有蘇天爵的「元文類」，於明有程敏政的「明文衡」，吳訥的「文章辨體」，徐伯魯的「文體明辨」，尤其當時的香山黃泰泉，採摘漢魏以下詩文，分類編敍，都配置於六經以下，名曰「六藝流利」。綜其內容分類大較，計詩之流五，其別二十有一；書之流八，其別四十有九；禮之流二，其別十有六；樂之流二，其別十有二；易之流十二，無別。泰泉自序，以爲編輯本書的目的，在補摯虞文章流別之缺。但究其實際，則是祖述劉彥和的文心雕龍，而更加恢廓。迨後，丹陽賀仲來，有感於吳訥的「文章辨體」，搜羅未廣，於是又別加索討，從三代到明末，分門別類，成「文章辨體彙選」一書，共七百八十卷，一百三十二種不同的文類。每體前面，往往引彥和文心辨體之說，來堅定他的立場⓬。

時至清代，桐城姚姬傳，受古文辭於同邑劉海峯，造詣甚深。於文章正變源委，洞若觀火。晚年於講學鍾山書院時，因取先秦兩漢，下逮唐宋明清之文，編成古文辭類纂一書。辨別體裁，類分十三，較之有明諸家，尤加精審。到了道咸年間，湘鄉曾滌生，更擴大類纂的體例，兼收經史，成經史百家雜鈔，分體雖多沿類纂的舊例，但其中也間或少有出入。他和姚氏最大的不同點，在姚氏不選經史，而姚氏之不選經文，並非不宗經，這也和昭明太子的情形一樣，是由於尊經而不選。此等情形可以從他說的「孔孟之道與文，至矣」⓭這句話，看出個中道理。故類纂所收，斷自國策，不復上及六經。而曾氏於分類之外，再揭出三門，門分類別，使學者可以知文體大綱，這是它的最大特色。現在就拿曾氏對文體的看法，來看經典對中國文學體裁的影響。例如：

他講論著類的淵源時說，此爲「著作之無韵者。經如洪範、大學、中庸、樂記、孟子皆是。」詞賦類：爲「著作之有韵者。經如詩之賦頌，書之五子作歌皆是。」序跋類：爲「他人之著作，序述其意者。經如易之繫辭，禮記之冠義，昏義皆是。」奏議類：是「下告上者。經如臯陶謨、無逸、召誥及左傳季子魏絳等，諫君之辭皆是。」詔令類：是「上告下者。經如甘誓、湯誓、牧誓、大誥、康誥、酒誥等皆是。」書牘類：爲「同輩相告者。經爲君奭，及左傳鄭子家叔向呂相之辭皆是。」哀祭類：屬「人告於鬼神者。經如詩之黃鳥，二子乘舟，書之武城，金縢、祝辭，左傳荀偃、趙簡告辭皆是。」至於傳誌類：曾氏云：「所以記人者。經如堯典、舜典，史則本紀、世家、列傳，皆記載之公者也。後世記人之私者，曰墓表、曰墓誌銘、曰行狀、曰家傳、曰神道碑、曰事略、曰年譜皆是。」敍記類：曾氏云：「所以記事者。經如書之武城、金縢、顧命。左傳記大戰，記會盟，及全編，皆記事之書。」而典志類：曾氏以爲「所以記政典者。經如周禮，儀禮全書。禮記之王制、月令、明堂位，孟子之北宮錡章皆是。」雜記類：曾氏云：「所以記雜事者。經如禮記投壺、深衣、內則、少儀、周禮之考工記皆是。」[14]曾氏記述文體，都是先解釋名義，再索其源流，步驟極切實，而他在釋名義，索源流的時候，又無一不援引羣經，證明文之有體，大多源於經典。

如果我們上從劉勰文心雕龍算起，下到曾氏經史百家雜鈔爲止，中間雖然時逾千載，文質代變，可是經典對中國文學體裁的影響，始終居於主導地位，而世之學者，凡講到經典和中國文學體裁的關係時，也都是衆口一詞，舉無異說。

第五節 結論

文學之事，固以思想爲要，但作文之法，却以辨體爲首。蓋體裁之於文章，猶耳目之於人身，耳主聽覺，目主視覺，各不相假。甚麼樣體裁，作甚麼樣文章，體裁不同，作法亦異。

所以人之爲文，如能區別體類，然後於行文得失，便可思過半矣。曾氏雜鈔經史百家，凡所列體類，經其上考下求，無不本源經典。時至近代，海禁大開，西洋文學作品經迻譯而傳至我國者頗多。加以國民革命成功，政治體制方面，由傳統的封建制度，一變而爲自由民主，因此我歷代行久勿替的文學體類，由於受了它們的影響，在形式上起了空前的變化。最明顯的是古代按用途分類的方式，已改爲按內容分類了。

胡適之於民初發表「文學改良芻議」，首先掀起中國近代文學自覺的浪潮。當時龍伯純作「文字發凡」一書，其中論文體，分三組十類。後來高語罕於「國文作法」中，也曾論及文體的類別，分爲敍述文、描寫文、解說文、論辨文四種，梁啓超作「中學以上作文教學法」，此書雖非討論文體之專著，但對文章的分類，卻有嶄新的看法。他從思想方面區分爲記述之文，與論辨之文兩類⑮。至於劉永濟的「文學論」⑯，章太炎的「國故論衡」⑰、鄭振鐸的「中國文學研究」⑱、陳介白的「修辭學講話」等，均先後作過文體分類的嘗試，迨後，夏丏尊更博採各說，參以己見，出版「文章作法」一書⑲，分文章爲記事文、敍事文、說明文、議論文、小品文等，此書一出，風行全國。數十年來，今天國人凡講文體的，雖不無出入，但大致不會超越他的範圍。

時下，不少人在從事寫作的時候，以爲語體文、白話詩，皆古人所不及見，自不必尊經典爲不祧之祖，可以隨心所欲，信筆揮灑了。須知涓涓之水，以海爲歸，片片落葉，由根而生，人之若以爲現在的文體來自西洋，與我國經典無關，那就等於言孝道者，視路人爲父祖，而忘其血肉至親，我不認爲這是合理的態度。

附註

❶ 以上持論多本近人薛鳳昌先生「文體論」第一章爲說，薛著臺灣商務印書館印行，請參閱。
❷ 此說見近人薛鳳昌先生「文體論」第二章第一、二、三節，以及蔣伯潛先生「文體論纂要」的「緒論」。
❸ 此說見王更生著「文心雕龍研究」一書第八章「文心雕龍文體論」。
❹ 清代嚴可均有「全上古三代秦漢三國六朝文」一書，其中「全晉文」內輯有摯虞文。
❺ 劉評見文心雕龍才略篇。
❻ 說見隋書經籍志四總集類。
❼ 文見劉勰文心雕龍序志篇。
❽ 以上詳細情形請參閱王更生著「文心雕龍研究」一書第八章「文心雕龍文體論」。
❾ 見王更生著「文心雕龍研究」第六章「文心雕龍之子學」。
❿ 文見宋陳騤文則甲第一條。
⓫ 以上引文見蕭統昭明文選序。
⓬ 本段請參閱王更生等合著「中國文學的探討」一書第一章。書爲中央文物供應社印行。
⓭ 引文見姚鼐古文辭類纂序。
⓮ 以上引文見曾國藩經史百家雜鈔序例。
⓯ 以上各說採自蔣伯潛「文體論纂要」。
⓰ 劉永濟「文學論」一書之第二章「文學之分類」，曾由文學的原質與體質之關係，分爲學識之文與感化之文，兩大系統。此書臺灣商務印書館印行。
⓱ 章太炎先生將文體分爲無句讀文，與有句讀文兩大類，內容請參閱「國故論衡」。
⓲ 鄭振鐸於「中國文學研究」一文中，曾分文體爲九類。該文見附於「中國文學研究新編」內，請參閱。

⑲夏丏尊「文章作法」一書，臺灣綠洲出版社曾經印行。

第六章　經典對中國文學創作的影響

第一節　前　言

我立國東亞，東南瀛海環繞，西北高山綿亙，在古代交通梗阻的情況下，凡與我接觸之民族，文化多下於我。惟印度佛敎，理完義密，精深博大。自東漢明帝時輸入我國❶，至六朝而大盛。當時儒學衰退，莊老方滋，佛敎得乘間而起，並迅速普及朝野，爲我廣大社會所接受。

唐初玄奘西遊，大譯經典，考正舊說❷，我傳統思想也因而爲之丕變，文學亦稱極盛，而繪畫、雕刻、建築之術，更由是益加精進，爲中國文化注入了新生命❸。但當世學者猶多鄙夷之❹。直至宋儒修明經籍，其中豪傑之士，大多深研佛理，故其見道之精微，論理之透闢，實遠出唐代各家之上❺。於是中印文化交流至此始大展融合的契機。造成理學的盛世。

兩宋以來，遼、金、元、清先後入主中國，雖其武力強大，但皆尚武而不右文。彼之本欲亡我者，反終爲我所同化，此亦我傳統文化兼容並包之一大鐵證也。

近世東西交通大開，當清末政治不競，學術失修之時，我固有文化亦呈衰退現象，西方思想乃乘隙而入。加以船堅礮利作後盾，西學隨若排山倒海，沛然而來，令人有不可抗拒之勢。此等情形持之與魏晉六朝時佛敎之傳布，僅藉若干高僧，宣講渡化者，本質上斷然不同。國人始則驚疑，繼乃懊喪，終而崇拜，甚至於盡棄所學而捨己之田，以芸人之田；未見有眞能深研洞悉，取長補短如宋儒之於佛敎者。故數十年來，學術界始終陷於中西新故之爭，不能卓然有所樹立。甚而學科技者，不知中國之高科技，學政治者，不知中國之有政治，學經濟者，不知中國之有經濟，學教育文化者，不知中國之有教育文化。中國傳統的著作既看不懂，祇好轉而取西方之政經學術以爲持論之張本。於是挾西洋以欺國人。又有好奇反經的博士、碩士們，更假借或耳食西方的一鱗半爪，來大言欺世，互相標榜，以爲沽名釣譽的憑藉。我國傳統學術之不競，知識份子之沒有骨氣，不僅是亡國之徵，國家之恥，更是歷史上絕無僅有的現象。

文學者，民族精神之表現，學術文化之總和。中國文學既本源於經典❻，則文學創作亦自必與經典密切相關。況乎我國經典，始而與長江流域文化接觸，造成兩漢辭賦的盛世，繼而與印度佛學交流，蔚爲唐宋詩詞的壯觀，時下復與西方文化進行融合，則今後中國文學的創作內涵，較諸以往，必定更加豐富，更加恢廓。因此，從創作方面看，經典對中國文學的影響，就此時此地而言，實具有繼往開來的歷史意義。

第二節　經典在中國文學創作中的地位

從創作方面看，經典對中國文學的影響：過去劉勰文心雕龍宗經篇，首先講到這個關係而加以肯定。他說：「文能宗經，體有六義：一則情深而不詭，二則風清而不雜，三則事信而不誕，四則義貞而不回，五則體約而不蕪，六則文麗而不淫❼。」又說：「揚子比雕玉以琢器，謂五經之含文也。」器由玉成，故雕玉可以琢器，文由經出，故研經可以爲文。所以劉勰肯定文學創作如能祖述五經，便有此六大優點，如就其所指加以分析，一、三、四項屬內容，指作品必須具有深刻、眞實、醇正的意旨，去襯托形式；二、五、六項屬形式，言作者須用眞實、明朗、樸素而美妙的手法，去表現內容❽。離開了眞實內容的藝術形式，儘管爛采若金，到底是個沒有靈魂的行屍走肉。同時，眞實的內容，也需要完美的形式來襯托。離開了完美的形式，也就損害了內容的價值。所以彥和的宗經六義，實在是一切文學創作的坐標。

經典之於中國文學，有沒有可宗的理由呢？近人黃季剛先生文心雕龍札記對此曾有相當詳盡的闡發。他說：「漢書儒林傳序：『六藝者，王敎之典籍，先王致郅之成法也。』蓋古之時，道術未裂，學皆在於王官。王澤旣竭，學亦分散。其在詩書禮樂者，則宣尼能明之。宗經者，則古昔，稱先王，而折衷於孔子也。夫六藝所載，政教學藝耳。文章之用，隆之至於能載政教學藝而止。挹其流者必探其源，攬其末者必循其柢，此爲文之宜宗經一矣。經體廣大，無所不包，其論政治典章，則後世史籍之所從出也。其論學術名理，則後世九流之所從出也。其言技藝度數，則後世術數方技之所從出也。不覩六藝，則無以見古人之全，而識其離合之理，此爲文之宜宗經二矣。雜文之類，名稱繁穰，循名責實，則皆得之於古。彥和此篇所列，無過舉其大端。若夫九能之見於毛詩，六辭之見於周禮，尤其淵源明白者也。此爲文之宜宗經三矣。文以字成，則訓故爲要；名以義在，則體例爲先。此二者又莫備於經，莫精於經，欲得師資，舍此何適？此爲文之宜宗經四矣[9]。」

季剛先生由流索源，振葉尋根，一切歸本於經典，則文學創作之必須宗經，已確然得到有力的證明。所以北齊顏之推家訓說：「夫文章者，原出經典。[10]」清章實齋文史通義，評論我國諸子之文，亦有源出六藝之說[11]。此固因歷代尊經所致，但是經典的文章亦自有典則，足爲後世作品楷模，實爲眞因也。所以劉勰說：「（經典）辭約而旨豐，事近而喻遠，往者雖舊，餘味日新[12]。」其說甚爲明瞭可信。但反觀今日著述之林，尤其號稱文學作家者，眞能會通此義而堅信不疑的，或疑而不情緒化的，又有幾人乎？

第三節　經典對中國文學創作的影響

首先看經典對散文的影響：過去唐韓昌黎進學解云：「上規姚姒，渾渾無涯；周誥殷盤，佶屈聱牙；春秋謹嚴，左氏浮誇，易奇而法，詩正而葩；下逮莊、騷、太史所錄，子雲、相如，異曲同工。」文中除指莊、騷、太史、子雲、相如以外，還包括易、書、詩、春秋與左氏傳。至於他在上兵部李侍郎書中更強調說：「性本好文學，因困厄悲愁，無所告語，遂得窮究於經傳史記百家之書，沈潛乎訓義，反復乎句讀，礱磨乎事業，奮發乎文章。」將「窮究經傳」，列於「史記百家」之先。並沈潛其訓義，反復乎句讀，然後始奮發乎文章。則經典對韓氏文學創作的影響，以及他之所以能文起八代，詩方李杜，開後世學術的新運者，無不與經典大有關係。

宋曾子固的文章和歐陽修相近，而自比劉向。平生不輕言爲文所本，可是究其行文造語，凡所吐詞，多源經術。關於這一點，我們可以從「宜黃縣學記」得到證明。他說：「古之人自家至於天子之國，皆有學，自幼至於長，未嘗去於學之中。學有詩書、六藝、弦歌、洗爵、俯仰之容，升降之節，以習其心體、耳目、手足之擧措，又有祭祀、鄉射、養老之禮，以習其恭讓；進材、論獄、出兵、授捷之法，以習其從事；師友以解其惑，勸懲以勉其進，戒其不率；其所爲具如此。」他開口便由「學」說起，這正是禮記學記上說的「君子如欲化民成俗，其必由學」，「古之王者，建國君民，敎學爲先」的一貫大道。所謂「皆有學」「未嘗去於學」，諄諄告誡，亦足見其思想淵源。至於所學的內容，又不過是「俯仰之容」「升降之節」「養老之禮」與「出兵授捷之法」，可說一切皆以詩書六藝爲依歸，則曾氏文學之本，寫作之源，於此不言可明了。

迨明朝歸震川以細物小品，博得有明二百年文壇的正宗，究其寫作大恉，皆取衷六經，並好太史公書。所以抒寫懷抱，常能感人肺腑，生歡愉慘惻之思。在他送國子助敎徐先生序中說：「嗟夫！誠使學校之官，修明經史，而略其末流，使士不求準式于五經、四書、史、漢之外，天下士風，庶幾少變，而人才可觀矣。」與潘子實書也說：「竊謂經學至宋而大明，今宋儒之書具在，而何明經者之少也。」可見歸氏爲文雖服膺史漢，折衷韓歐，但其骨力性情，思想觀念，仍不離經典的矩矱。

文，清朝，桐城、陽湖對峙翰苑。道光之際，湘鄉曾滌生出，以歷經憂患之心，發爲至情之文，雖然自謂粗解文章，得力姬傳，可是他那恢廓的文風，却自成一派，與桐城、陽湖相鼎足。今舉其家訓中諭紀澤一首，以見曾氏爲文取法的大略，他說：「余於四書五經外，最好史記、漢書、莊子、韓文四種。好之十餘年，惜不能熟讀專攻。又好通鑑、文選，及姚惜抱古文辭類纂，所選十八家詩鈔四種，共不過十餘種。」書中首舉四書五經，次及史、漢、莊、韓，又次舉通鑑、文選及古文辭類纂，與十八家詩選。就其先後次第觀之，則先生着書立說的根柢，以及他一生文治武功，所以爲翰苑的泰斗，中興的功臣者，不是偶然倖致的。

以上除六朝的劉勰以外，歷舉唐之韓愈、宋之曾鞏、明代歸有光，清朝因才多文富，大家輩出，特舉湘鄉曾滌生，此於我國翰林詞苑中，雖不及百一，但也可以藉著一隅之反，看出天下才士之立言鳴高，橫絕一代者，其行文構思，無一不受經典的影響。

其次，再看經典對駢文的影響：講到駢文，大致說來，吾國自上古以迄三代，爲駢散不分的時代；自周末以迄西漢，爲駢散角逐的時代；自東漢以迄曹魏，是駢文偏重的時代；經兩晉，歷六朝，以迄盛唐，是駢文極盛的時代；由中唐至趙宋，散文興而四六起，駢文的餘波，尚流衍而未已的時代；時及元明，駢散並衰；至清，駢散並行，而駢勢特強，論文者又多以駢文爲正宗的時代。民國開元以來，語體大行，文不從古，以今日實際情形觀之，駢散二體，均成強弩之末，形將墜地⑬，作爲供人憑弔的陳迹了。

回顧兩千年來，駢文所以綿延不息的原因，究其根柢，和經典也有着極爲密切的關係。而經典之中，惟詩、易二經，詞獨華美。詩因比物起興，故詞婉而姸；易造象幽隱，故辭驚而創；駢語的采色於是乎出。至於尚書嚴重，而體勢本方，周官整齊，而文法多偶。小戴記工累疊之語，上下繫開屬對之門；爾雅釋天以下，句皆珠連；左氏敍事之中，言多藻飾，駢語的體裁於是乎生。所以近人金秬香作駢文概論云：「文辭一術，體雖百變，道本同源。」又云：「駢文之古，莫古於『昧古幽都』之語，與『雲龍風虎』之辭，羲易堯書，厥爲初祖，嗣是夏書渾渾，商書灝灝，周書噩噩，典謨訓誥，莫不語參駢偶，意致博深。世代愈降，文愈繁縟，百家猋起，鬱乎奇觀。⑭」

清阮文達敍孫梅四六叢話也說：「懿夫人文大著，肇始六經。典墳邱索，無非體要之辭，禮樂詩書，悉著立誠之訓。商瞿觀象於文言，邱明振藻於簡策，莫不訓辭爾雅，音韻和諧。至於命成潤色，禮學多文，仰止尼山，益知宗旨。」六經爲人文之本，尼山乃士林宗師，觀阮氏之序，則經典之於駢文，猶樹木根幹之於枝葉，可謂根幹已存，枝節可附了。

夫「伐薪必於崑鄧，汲水宜從江海，」我們如能沿波討源，會觀古今，則駢文受經典的影響，更是事不容辨，有目共覩了。

最後，我們再看經典對韻文的影響：韻文在此專指詩、詞、曲而言。詩、詞、曲和散文、駢文，在形式上有顯著的不同點。「詞」「曲」原本也是詩，後由附庸蔚爲大國，所以與「詩」並列。詩以言志爲主。其爲道也，可以理性情，善倫物，感鬼神。可是秦漢以來，樂府代興，六朝繼之，流行靡曼，至於有唐，雖然聲律日工，但是託興漸失。尤其到了花間、尊前，那般自命爲香奩作家的手裏，詩詞已被人視爲嘲風雪、弄花草，遊歷燕衎的工具，而距離詩歌的本色越來越遠了。今試以陶淵明、李太白、杜拾遺爲例，以見經典對詩詞影響的一斑。

昔陶淵明窮處西晉末世，一生半耕半讀，雖然曾經爲貧而仕，但很快就退隱柴桑，過着守拙歸田的生活。他自已說：「好讀書，不求甚解，每有會意，便欣然忘食[15]」，又說：「樂琴書以消憂[16]」，以及「得知千載外，正賴古人書[17]」。到底他讀的是甚麼書呢？我們從他的詩裏，可以知道他提到的多半是經典。例如「少年罕人事，游好在六經[18]」，「詩書敦宿好[19]」，「談諧無俗調，所說聖人篇[20]」。在飲酒詩最後一首裏，更特別稱讚孔子刪詩書，漢儒傳六經之事。原詩云：「羲農去我久，擧世少復眞，汲汲魯中叟，彌縫使其淳。鳳鳥雖不至，禮樂暫得新。洙泗輟微響，漂流逮狂秦。詩書復何罪？一朝成灰塵，區區諸老翁，爲事誠殷勤。如何絕世下，六籍無一親。終日馳車走，不見所問津。若復不快飲，空負頭上巾。但恨多謬誤，君當恕醉人。」翫其辭意，上敍孔子，下述六經，皆言願學之事。所以南宋眞西山謂淵明之學自經術中來。又說：「淵明之作，宜自爲一編，以附於三百篇楚辭之後，爲詩之根本準則。」可謂確評（更生案，眞西山說見於眞文忠公文集卷三十六「跋黃瀛甫擬陶詩」及宋李公煥「箋注陶淵明集」卷首「總論」）。

李、杜二家幷馳於開元、天寶之際。李太白英姿勃發，才由天縱，以放情詩酒的態度，遊戲於宮廷士大夫間，一時壓倒羣彥，辭辱權臣，號稱謫仙。從他作的古風可以看出他的思想。詩云「大雅久不作，吾衰竟誰陳。王風委蔓草，戰國多荊榛。龍虎相啖食，兵戈逮狂秦。正聲何微茫，哀怨起騷人。揚馬激頹波，開流蕩無垠。廢興雖萬變，憲章亦已淪。自從建安來，綺麗不足珍。聖代復元古，垂衣貴淸眞。羣才屬休明，乘運共躍鱗。文質相炳煥，衆星羅秋旻。我志在刪述，垂輝映千春。希聖如有立，絕筆於獲麟。」文章到了李唐，八代綺麗之風已極，所以掃魏晉之陋，起騷人之廢，太白頗能引爲己任，所以從「吾衰竟誰陳」，「我志在刪述」之句，可以看出太白命筆運思，的確是情有獨鍾。

杜拾遺，審言之孫。初獻三大禮賦，玄宗奇其才，會安祿山亂，走依嚴武於劍南。與太白齊名，時號李杜。他是一位不薄古今的詩人。同時有意創新。關於他的詩學思想，見於進雕賦表。他說：「臣之述作，雖不足以鼓吹六經，先鳴諸子，至於沈鬱頓挫，隨時敏捷，而揚雄枚皐之流，庶可跂及也。」可知他生平「以鼓吹六經」爲務。至於在奉贈韋左丞丈二十二韻中，更流露了他的理想抱負，云：「甫昔少年日，早充觀國賓。讀書破萬卷，下筆如有神。賦料揚雄敵，詩看子建親。李邕求識面，王翰願卜鄰。自謂頗挺出，立登要路津。致君堯舜上，再使風俗淳。」他自以爲要賦敵揚雄，詩親子建，使李邕謁面，與王翰比鄰，然後再致君堯舜之上，登斯民於衽席。這更是何等胸襟啊！

第四節　結　論

本文由中國文學與民族精神，和學術文化的關係；講到經典在中國文學創作中的地位，以確定經典的價值；然後再就經典對中國文學的影響加以學例印證。其中所列，雖然僅屬散文、駢文、詩、詞、曲各體作家，但他們在自道其創作的心路歷程時，無一不是因爲受到經典的影響，才能夠掌握情源，獲致橫絕翰林的地位。此外，如明代的戲曲、清人的小說、民國以來的語體文等。自可以此類推，相信凡在文壇上卓然有成的，大多是由於受到經典的影響。劉勰說：「（經典）根柢槃深，枝葉峻茂……窮高以樹表，極遠以啓疆，百家騰躍，終入環內者也」㉑，如從經典對中國文學創作的影響情形而言，這可以說是最好的說明。

附註

❶ 佛教自東漢明帝輸入我國之說，最早見於牟子理惑論，四十章經序，及老子化胡經，此外如石趙時王度奏疏（高僧傳佛圖澄傳），東晉袁宏後漢紀（卷十），劉宋宗炳明佛論（弘明集），范曄後漢書（卷百十八），南齊王琰冥祥記（法苑珠林卷十三），蕭梁時僧祐出三藏記集（卷二），慧皎高僧傳（卷一），以及元魏時僞造之漢法本內傳，亦多言及此事。

❷ 關於唐僧玄奘西遊事，請參閱大唐西域記，及京師大慈恩寺釋玄奘傳（唐釋道宣撰高僧傳二集卷第四）。

❸ 佛教之內傳與中國文學藝術之關係，請參閱萬鈞佛教與中國文學（民國卅五年四月在梧州詩詞研究會之講稿），王恩漢的佛法與中國之文學（現代佛教學術叢刊第十九輯），謝无量的佛教東來對中國文學之影響（書同前）蓋瑞忠的中國工藝史導論第四章第二節（幼獅文化事業公司印行）。

❹ 佛教在唐代傳播情形，請參閱蔣維喬的中國佛教史卷三第十五章華天之再興唐武周世之破佛(鼎文書局印行)。

❺ 關於宋代學者納佛入儒之眞象，請參閱宋元學案明道學案，及宋史道學傳。

❻ 見王更生經典是中國文學的本源（孔孟月刊第十九卷第六期）。

❼ 引文中「義貞而不同」之「貞」，原作「直」，茲據唐寫本改。

❽ 以上所釋見王更生文心雕龍研究第七章「文心雕龍本原論」。

❾ 季剛先生說見其所著「文心雕龍札記」宗經篇札記。

❿ 顏之推說見顏氏家訓「文章篇」。

⓫ 章氏諸子之文，原出六藝說，見其所著文史通義內篇詩教上。

⓬ 劉勰語見文心雕龍宗經篇。

⓭ 以上所說主要採取近人金秬香駢文概論敍言上之看法。

⓮ 見近人金秬香的駢文概論敍言。

⑮ 見陶潛五柳先生傳。

⑯ 見陶潛歸去來辭。

⑰ 見陶潛贈羊長史（箋注陶淵明集卷二）。

⑱ 見陶潛飲酒詩第十六（箋注陶淵明集卷三）。

⑲ 見陶潛辛丑歲七月赴假還江陵夜行塗中（箋注陶淵明集卷三）。

⑳ 見陶潛答龐參軍（箋注陶淵明集卷二）。

㉑ 見劉勰文心雕龍宗經篇。

第七章　經典對中國文學批評的影響

第一節　前　言

在我國文學理論的範疇內，古無所謂「文學批評」之名❶，茲檢四庫全書總目提要詩文評類的著作，即可略知一斑。其中包括存目之書在內，詩話共一百四十八種，文話三十二種，詞話，曲話見於詞曲類者有二十八種。四者合計二百零九種，內容不謂不富。但眞正能稱得上「文學批評」專著的，却少之又少。據紀文達的看法，是「（中國）文章莫盛於兩漢，渾渾噩噩，文成法立，無格律之可拘。建安黃初，體裁漸備，故論文之說出焉。典論其首也。其勒爲一書，傳於今者，則斷自劉勰、鍾嶸。勰究文體之源流而評其工拙，嶸第作者甲乙而溯厥師承，爲例各殊。至皎然詩式，備陳法律，孟棨本事詩，旁採故實，劉攽中山詩話，歐陽修六一詩話，又體兼說部。後所論著，不出此五例中矣。」❷文中雖列有劉勰文心雕龍、鍾嶸詩品、皎然詩式，孟棨本事詩，劉攽中山詩話，歐陽修六一詩話，但有的體兼說部，有的旁採故實，有的備陳法律，有的溯厥師承，而眞能究文體源流，評其工拙的，唯有劉勰的文心雕龍。

文心雕龍之「究文體源流，而評其工拙」，與現代一般人所謂的「文學批評」者，其義暗合。而觀其全書，亦不以批評名篇。曰時序、曰才略、曰知音、曰程器，如此而已❸。時序者，由時代背景評作品優劣也。才略者，由作家才能識略評作品優劣也；知音者，由讀者鑑賞之精粗，評作品優劣也。程器者，由道德修爲，評作品優劣也。時代背景、作者才略、讀者鑑賞、道德修爲，皆文學批評的重要條件。回想距今一千五百年前，當歐洲文學正處於長期黑暗，聖．奥古斯丁（St．Augustine）還在修道院寫他的「懺悔錄」的時候❹，劉勰就已經突破馬融、鄭玄注經讚聖的瓶頸，以及彌補了曹丕典論、陳思序書、應瑒文論、陸機文賦、仲治流別、宏範翰林等家的缺點，創造此部空前未有的文論專著——文心雕龍，遙接周孔心傳，啓迪學術新運。所以談中國文學批評，自須以劉勰的文心雕龍爲藍本，始能掌握我國由邃古以至六朝，三千多年來中國文學理論的精髓。本文所持的基本立場，就是扣緊此一觀點而發。

第二節　文學批評形成的主要關係

文學批評所由形成的主要關係，不外兩方面：一是作品的關係，即對文學本身的自覺。二是思想的關係，即所以佐其批評的根據。由前者言，文學批評常與文學創作發生關聯。由後者言，文學批評又常與學術思想發生關係。試觀中國文學批評，亘古以來，就蘊藉了它思想的背景❺。而中國文學批評的思想果如何乎？過去呂思勉作「文學評判之標準」一文❻，其開宗明義便引孔子曰：「道二、仁與不仁而已矣」繼而以爲：「斯言也，實評判一切事物之標準也。夫文之別亦多矣；有韻文焉，有無韻之文焉。韻文之中，詩與詞不同，詞與曲又異，此體裁之別也。無韻之文，始而奇偶相生，繼乃析爲駢散，同一駢文也，而齊梁與漢魏殊科。同一散文也，而唐宋與周秦異致；此時代之別也。至若匡、劉、賈、晁、神理攸殊；韓、杜、王、孟，性情各異，此則爲文者之個性，千差萬別，累百世而不相襲者也。自來治文學者，亦因其個性、好尚而各有不同。然文之美者，無間於其體製、時代。若作者之個性，而卒不得不同謂人爲美。是則此等不廢江河萬古流之文字，其中必有一同點存焉。同點爲何？美是已。美之質爲何？仁是已。」

呂氏以「仁」與「不仁」作判別文學美醜之標準。固然在方法上不無武斷，但確能掌握情源，合乎眞、善、美的美學原理。衡諸近世評文之作，多半採科學方法，條分縷析，方法至善矣；然夷考各說內容，又大多拾取西方的牙慧，就枝葉研討之辭多，窮本溯原者極少。筆者有鑑於此，特根據文學批評和學術思想之關聯性，從我國文學批評史上若干較重要的批評家之著作中，看一看中國傳統的文學批評，受經典影響的情形爲如何。

第三節　經典對中國文學批評的影響

西漢揚雄的文學批評見於法言吾子篇。「或曰：賦者可諷乎？曰：諷乎！諷則已；不已，吾恐不免於勸也。」「問景差、唐勒、宋玉、枚乘之賦也，益乎？曰：必也淫。淫則奈何？

曰：詩人之賦麗以則，辭人之賦麗以淫，如孔氏之門用賦也，則賈誼升堂，相如入室矣。」「或問屈原智乎？曰：如玉如瑩，爰變丹青，如其智！如其智！」在這段文章裏，問答之間，涉及到他對辭賦的看法，以爲辭賦如不能吟詠情性以風其上，只是雕蟲篆刻，組麗成采，此不僅「文麗用寡」，且爲勸而不止。繼而論景差，論唐勒、論宋玉，論枚乘四家作品的特色，以爲辭賦雖巧，但不免淫文破典。若以孔門的用賦爲標準，賈誼升堂，相如入室。至於屈原之智，子雲以爲大智者通達天命，審知行藏，應如玉如瑩，磨而不磷，今屈原放逐，感情丕變，雖有文彩，不過是丹青之倫，何以稱智。可見他品藻各家，皆以孔門之教作尺度。至於論書的話，見於問神篇：「書不經，非書也；言不經，非言也；言書不經，多多贅矣」，也是以五經爲本。五經有何可本乎？吾子篇云：「舍舟航而濟乎瀆者末矣；舍五經而濟乎道者末矣。棄常珍而嗜乎異饌者，惡睹其識味也。委大聖而好乎諸子者，惡覩其識道也。」他拿舟航，飲食二事爲例，說明大道若江海，若常珍，諸子爲河漢，爲異饌，如舍五經之大道而習諸子之學，就等於棄常珍而食異饌，委舟航而行江河，永遠不會到達理想的彼岸。所以他認定離開經不能得道，離開孔子不能識道。因爲五經經孔子删述，思想正確，所以揚雄用爲文學批評的最高原則。

東漢王充一生學問本領，受班彪、桓譚的影響很大，而論文一本於「眞善」二字。所以他在自紀篇云：「蓋寡言無多，而華文無寡，爲世用者，百篇無害；不爲用者，一章無補。」他又對作篇略云：「言苟有益，雖作何害。故夫有益也，雖作無害也。若其無益，雖造何補。」他這「世用」「有益」的態度，在當時陰陽五行之說，鬧得烏煙瘴氣的時候，獨能作時代的反動，令人有一新耳目的感覺。佚文篇云：「文人宜遵五經六藝爲文，諸子傳書爲文，造論著說爲文，上書奏記爲文，文德之操爲文。立五文在世，皆當賢也。造論著說之文，尤宜勞焉。何則？發胸中之思，論世俗之事，非徒諷古經，續故文也。」他將「文」分爲五種，而推五經六藝爲第一，並特別強調「造論着說」。這雖然仍本求眞求善的態度，但鼓勵創作，發抒胸臆，不主張一味因襲的意思十分明顯。仲任於此固未自信宗經，可是他那「實用」與「有益」的觀點，却是從經典中來。

時至南朝，中國文學批評界出現了兩顆彗星，那就是劉勰與鍾嶸。劉氏的批評論是從宗經思想出發的，他對魏晉六朝的文論，曾作過強烈的指責。序志篇說：「詳觀近代之論文者多矣，至如魏文述典，陳思序書，應瑒文論，陸機文賦，仲治流別，宏範翰林，各照隅隙，鮮觀衢路。或臧否當時之才，或銓品前修之文，或汎舉雅俗之旨，或撮題篇章之意。魏典密而不周，陳書辨而無當，應論華而疏略，陸機巧而碎亂。又君山公幹之徒，吉甫士龍之輩，汎議文意，往往間出。並未能振葉以尋根，觀瀾而索源；不述先哲之誥，無益後生之慮。」從他的評騭裏，可見魏、晉、六朝文論之盛，與彥和深致不滿的情緒。並從而獲悉文心雕龍之論文，兼採衆長，周密辨當，祖述先哲之誥，有益後生之慮。所以他從經學思想出發，去衡鑑往日作家，如評揚雄百官箴：「揚雄百官箴，頗酌與詩書。❼」評陸賈新語：「若夫陸賈新語，咸敍經典。❽」評潘勗册魏公九錫文：「潘勗錫魏，思摹經典，羣才韜筆，乃其骨髓畯也。❾」可以說凡模經範典的作品，都給予很高的評價，對於厭舊取新之作，總認爲是違背民族傳統，不足以流傳後代。正見透過彥和的目光，經典在中國文學批評方面，卓然樹立了崇高的標準。

至於鍾嶸，和劉勰並駕士林，著有詩品三卷。章學誠文史通義詩話篇說他：「詩品之於論詩，視文心雕龍之論文，皆專門名家，勒爲成書之初祖也。文心體大慮周，詩品思深而意遠。蓋文心籠罩羣言。而詩品深從六藝溯流別，則可以探源經籍，而進窺古人之大體。」詩品品詩的最大特色有二：一是詩的流別，二是詩的淵源。在詩的流別方面，他由漢之李陵到梁代沈約，共錄百二十人，其中上品十一，中品三十九，下品七十二。他自信是「網羅古今」，在詩的淵源方面，如謂古詩「其體原出於國風」，李陵「其原出於楚辭」，王粲「其原出於李陵」，沈約「憲章鮑明遠」，有的雖未定其淵源，但亦指出與以前詩人的關係，如謂嵇康「頗似魏文」，江淹「觔力於王微，成就於謝朓」。綜其大較，要不出國風、小雅、楚辭三種；而楚辭體同詩雅，故推到極處，仍是「探源經籍」，這不但是詩品品詩的結論，同時更代表了鍾氏文學批評的態度。

唐代白居易，字樂天，與元稹之名相埒，所作詩文，天下傳誦，號曰元白。元白的時候，安史之亂雖平，而農村經濟凋敝，朝廷士大夫驕奢荒惰，再加藩鎭跋扈，臣庶苟且，天下擾攘岌岌，不可終日。故白居易在傷民病痛，希望裨補時闕的情況下，對當時的文壇，曾提出嚴正的呼籲。他與元九書說：「人之文，六經首之，就六經言，詩又首之，何者？聖人感人心而天下和平。感人心者莫先乎情，莫始乎言，莫切乎聲，莫深乎義。詩者，根情、苗言、華聲、實義。上自賢聖，下至愚騃，微及豚魚，幽及鬼神，羣分而氣同，形異而情一；未有聲入而不應，情交而不感者。」他以六經爲首腦，並從詩的本質，「根情、苗言、華聲、實義」

為出發點論詩，他評李白云：「李之作，才矣、奇矣，人不逮矣。索其風雅，比興十無一焉。❿」評杜甫云：「杜詩可傳者千餘篇，至於貫穿今古，覼縷格律，盡工盡善，又過於李。⓫」評張籍古樂篇：「為詩意如何？六義互鋪陳。風雅比興外，未嘗著空文。」⓬，深觀各論，無不貼着經典立說。這雖然是感時濟世，有為而發，但也足以說明當中國文學隨著時事的轉變，傳統思想形將式微的時候，必有一二主持風會的高才大家，起而運用六經的弘規，糾正不良的傾向，白居易便是個中的代表。

金元之際的元遺山，是當時文壇領袖，他對南宋末年的所謂江西、四靈、江湖諸派的作風一律掃除⓭，提倡遒健宏敞明朗的風氣。他的論詩絕句⓮，可以說是繼老杜論詩六絕以後⓯，僅有的佳作。他在此大概是主張，要有風骨，要有宏偉的氣勢，多任自然，要撇開兒女之情，多蘊含悲壯之意。如詩云：「東野窮愁死不休，高天厚地一詩囚。江山萬古潮陽筆，合在元龍百尺樓。」⓰，「謝客風容映古今，發源誰似柳州深，朱絃一拂遺音在，却是當年寂寞心。」⓱這是他推尊韓愈柳宗元的話。一則曰「江山萬古潮陽筆」再則曰「發源誰似柳州深」，其家國之思、深遠之意，託七言以為寄，令人自然覺得他那種針砭的風味，於高樓悲風，彌覺其厲的背面，還隱藏著他詩論的本源。其本何在？遺山小亨集序，論唐詩云：「唐人之詩，其知本乎？溫柔敦厚，藹然仁義之言之多，幽憂憔悴，寒飢困憊，一寓於詩，而其阨窮而不憫，遺佚而不怨者故在也。」又說：「唐詩所以絕三百篇之後者，知本焉爾矣。何謂本？誠是也。故由心而誠，由誠而言，由言而詩也，三者相為一。」可見遺山詩論，根源三百，所謂發乎情，止乎禮，醇然得人性之正。此不僅唐人之詩知本，而亦遺山評詩之所本。

迨及明清，戲曲小說已成中國文學的主流，文人心力所萃，全部精神學問，集中在小說傳奇上的人不計其數。所以當時的戲曲小說，不但不是小道，而且還有第一流的批評家，盡一生心血，憑獨到的膽識，去進行批評。就中以金聖歎所評的第五才子書水滸傳，與第六才子書西廂記爲代表。可以看出經典對文學批評上的影響。水滸傳序云：「原夫書契之作，昔者聖人所以同民心而出治道也。其端造於結繩，其盛殺爲六經。其秉筆者皆在聖人之位而又有其德者也。仲尼無聖人之位，而有聖人之德，有聖人之德則知其故，知其故而不能已於作，此春秋是也。自仲尼以庶人作春秋，而後世巧言之徒，無不紛紛以作，龐言無所不有，君讀之而旁皇，民讀之而惑亂，勢必至於拉雜燔燒，禍連六經。」他評水滸傳而上推六經，並以爲後世之書多破治害道，於是發願評書。評水滸云：「論人者貴辨志，施耐庵傳宋江而題其書曰水滸，惡之至，屏之至，不與中國也。不知何等好亂之徒，而謬加以忠義之目，烏乎！忠義而在水上也。水滸有忠義，國家無忠義耶？由今日之忠義水滸言之，無美不歸綠林。已爲盜者，讀之而自豪，未爲盜者，讀之而爲盜。削忠義而仍水滸者，所以存施耐庵之書者其事小，所以存施耐庵之志者其事大也。[18]」評西廂記云：「西廂是妙文，不是淫書，文者見之謂之文，淫者見之謂之淫耳。[19]」金聖歎秉春秋筆法，把自己的批評原理放在經典上，來看水滸、西廂作者之用心，深得小道可觀的微旨。

近人王易作詞曲史[20]，他以科學的成規，本史家的觀察，對詞曲作精密的研究，忠實的討論，平正的判斷，從他的批評中，也可以使我們看出經典的影響。如其推詞的起源云：

「詞爲三百篇之餘[21]」，又說：「詞之遠源，則三百篇其星宿海也，以語夫近，南北朝隋唐樂府，殆龍門之鑿乎！[22]」使詞的位置得以上比於葩經。分析五代兩宋的詞云：「由契胡內侵，中原俶擾，國失其理，民怨其生，上無禮，下無學，故恆人無所砥修，天才亦被壓抑。文學之根本修養既闕，何望於興起哉？五代之詞，止於嘲風弄月，懷土傷離，節促情殷，辭纖韻美。入宋，則由令化慢，由簡化繁，情不囿於燕私，辭不限於綺語。上之可尋聖賢之名理，大之可發忠愛之熱忱。寄慨於賸水殘山，託興於美人香草。合風雅騷章之軌，同溫柔敦厚之歸，故可抗乎三唐，希聲六代，樹有宋文壇之幟，紹漢魏樂府之宗。[23]」王氏言宋詞之發展，評詞作之優劣，所謂「合風雅騷章之軌，同溫柔敦厚之歸」，又說「上之可尋聖賢之名理，大之可發忠愛之熱忱」，無一不是依經立義。

關於戲曲方面，雖然近數十年來，專門論元雜劇，明傳奇，或皮黃戲以及話劇方面的著作不多；不過從王國維的宋元戲曲史，戲曲考源，劉師培的原戲，盧冀野的中國戲劇概論，以及日人青木正兒的支那近世戲曲史，也多少可以看到戲曲發展和批評的眞象。例如劉師培推論中國戲劇的原始，說：「戲爲小道，然發源甚早。遐稽史籍，歌舞並言，歌以傳聲，舞以象容，歌舞本於詩，故歌詩以節舞，以歌傳聲，以舞象容。孔子刪詩，列周頌、魯頌、商頌於篇末。頌列於詩，猶戲曲列於詩詞中也。」觀其所論，將戲曲推本孔子刪詩。今人俞大綱作國劇原理，文中論中國戲劇何以會有這樣的發展？他說：「中國文化主要的一點，是受儒家思想的支配，儒家思想的根據是倫理觀念。所以凡事皆以倫理爲意識，倫理的感情爲出發。來代替東方或西方的宗教的道統的觀念。」再是中國戲曲的發展史[24]，也以爲：「中國戲劇的本質，雖然各有其單獨的發展，但已由俳優就舞蹈的形容，溶合了音樂和詩歌，逐步趨向戲劇。又無一不出於所謂經傳」。可見中國戲劇在根本上實具有莊嚴的基礎。至於以後雖然糝雜了外來的形式，場景、化粧、演藝技術但它所行走的途徑，則仍有足跡可按，不難發現其出發的基點。由以上三家的說法，看經典對中國戲曲評論的影響，也可略知梗概了。

第四節　結　論

作品不能沒有批評，批評必須有依據的思想，沒有思想作依據的批評，即易架空虛設，落入邊際，不能透宗見理，直指本心。而文學批評既與學術思想密切相關，則中國文學批評之受經典影響，亦必可經由各家的實際批評中看出眞象。過去劉勰作文心雕龍，十卷五十篇之組織架構，首列文學思想、次文學體裁，又次文學創作，最後殿以文學批評㉕，其發而爲言，得以突破前人，高標己見者，正因爲他揭櫫徵聖宗經的思想，才能義光詞壇，氣吐翰苑。易象曰：「君子多識前言往行，以畜其德。」有志於中國文學批評之學者，何不擺落不合國情的末技，走向反本的大道呢？

附註

❶ 詳細情形請參閱王更生「中國文學批評概觀」一文第二節。見亘流圖書公司印行的「中國文學講話」㈠概說之部。

❷ 引文見「四庫全書總目提要」集部「詩文評類」序言。

❸ 時序、才略、知音、程器四篇，見文心雕龍卷十。

❹ 聖・奧古斯丁（St. Augustine）生於西元三百五十四年，其生平及著述懺悔錄（Confessions）一書的經過與價值，請參閱郭源新著「世界文學史綱」第十二章「中世紀的歐洲文學」（三四四頁——三四六頁）

❺ 以上文意採自朱東潤「中國文學批評史大綱」緒言。

❻ 呂文見章炳麟等著「中國語文學研究」（一三七頁——一四〇頁），台灣中華書局印行。

❼ 見劉勰文心雕龍事類篇。

❽ 見劉勰文心雕龍諸子篇。

❾ 見劉勰文心雕龍風骨篇。

❿ 見白居易與元九書。

⓫ 同註❿。

⓬ 見白居易讀張籍古樂府詩。

⓭ 此處採自朱東潤「中國文學批評史大綱」上的說法。

⓮ 元好問有「遺山集」，集中「論詩絕句」三十首，最是他詩論的精華。

⓯ 杜甫有「戲爲六絕句」，爲評述詩道之佳選。

⓰ 詩爲元遺山「論詩絕句三十首」中之第十八首。

⓱ 詩爲元遺山「論詩絕句三十首」中之第二十首。

⑱見金人瑞第五才子水滸傳序。
⑲見金人瑞第六才子西廂記序。
⑳王易詞曲史，台北廣文書局出版。
㉑見王易詞曲史明義第一。
㉒見王易詞曲史溯源第二。
㉓見王易詞曲史析派第五。
㉔中國戲曲發展史一書，學藝出版社印行，不著撰者。
㉕關於文心雕龍內容組織，請參閱王更生著「文心雕龍研究」。

第八章　中國文學如何向經典認同

第一節　前　言

自民國初年新文化運動發生後，一般人多受其影響，我們只要打開顧頡剛教授等編著的「古史辨」一看，便知那些新文化運動的先驅們，對傳統學術接受的態度，眞是嚴峻峭刻。在無徵不信的條件下，認為我國傳統典籍無一不可懷疑❶。於是它們的永恆價值遭到前所未有的打擊。從此大衆不但染上了疑古之病，更甚而諱言典籍，諱言傳統，視經典如糟粕、如敝屣。所以半個多世紀以來，學校教育，除大學中（國）文系還開有經典性的課程外，其他科系便難得一見。以至言教育者，不談中國傳統的教育理論；言工商者，不談中國傳統的工商理論；言科技者，不談中國傳統的科學技術❷。

在這西方文化幾乎霸佔了我國整個學術市場的今天，我們於借石攻錯之際，對傳統典籍亦不能妄自菲薄。因為它不祇是我們民族意識的根源，古聖先賢思想的結晶，同時也是我們建國立極的大經大法❸。再說文化價值的大小或有無，往往因觀點、需要，和時代、地點的不同而迥異。今日之是，何嘗不是明日之非？甲以為是，乙又何嘗不以為非？所以價值的判斷，旣然如此之不易，我們便沒有理由來冒然否定自己的傳統。尤其講到探究中國文學的本源時，可以說追根究柢，更印證這個道理之眞實性❹。

經典之與文學，亦如父母之與子女，彼此有血肉相連的親情。這種親情，固然由於時異代變，其中發生了若干轉化，但是我們仍然可以在某些方面，爲他們找到一脈相承的關係來。清初方東樹昭昧詹言說：「昔人言六經以外無文章，謂其理、其辭、其法皆備，但人不肯用心求之耳。」近人孫德謙作太史公義法，亦認爲「六經所以爲後世取法，厥有四端：一爲經之體，二爲經之文，三爲經之說，四爲經之意。」❺黃季剛文心雕龍宗經篇札記對此更詳乎言之，他說：「漢書儒林傳序：『六藝者，王教之典籍，先王致郅治之成法也。』蓋古之時，道術未裂，學皆在於王官。王澤旣竭，學亦分散。其在詩書禮樂者，唯宣尼能明之。宗經者，則古昔，稱先王，而折衷於孔子也。夫六藝所載，政教學藝耳。文章之用，隆之至於能載政教學藝而止。挹其流者必探其源，攬其末者必循其柢，此爲文之宜宗經一矣。經體廣大，無所不包，其論政治典章，則後世史籍之所從出也。其論學術名理，則後世九流之所從出也。其言技藝度數，則後世術數、方技之所從出也。不覩六藝，則無以見古人之全。而識其離合之理，此爲文之宜宗經二矣。雜文之類，名稱繁穰，循名責實，則皆得之於古，彥和此篇所列，無過擧其大端。若夫九能之見於毛詩，六辭之見於周禮，尤其淵源明白者也，此爲文之宜宗經三矣。文以字成，則訓故爲要；文以義立，則體例居先，此二者又莫備於經，欲得師資，舍此何適？此爲文之宜宗經四矣。」方氏以爲六經之文，理辭法三者兼備，六經之外無文章，故欲爲文，必須宗經。孫氏以爲經典之體，經典之文，經典之說，以及經典之意，四者皆可以爲後世法。黃氏更由政敎六藝、思想分合、文體淵源、名物訓詁四方面分析經典對後世的影響，以爲挹其流者必探其源，攬其末者必循其柢，詳其本源，皆在經典，故強調文必宗經。

彼三氏者，時懸地隔，但持論不期而同，如非經典之於文學，眞有果資取法的話，又焉能如此巧合？所以我們現在從事寫作，不但要向經典認同，更應該測試在今後中國文學的發展途徑上，經典到底可提供給我們那些學習的資源？

第二節　經典的本質

言爲心聲，書爲心畫，古人著作，率皆從肺腑中流出，故對喜怒哀樂的感情，表露無遺。後人讀其書，如見其人，如聞其聲。何況孔子繼往開來，刪訂六經，其微言精意，均蘊藉於經典之中呢！如易之十翼，書之七觀，詩之四始，禮之五經，春秋五例，皆屬「羣言之奧區，才思之神皐」❻。自揚雄、班固以下，經魏晉、歷唐宋，以迄明清，作者爲文，莫不取經典之意以爲寫作的張本❼，而經意的本質，究爲何事乎？曰眞、曰善、曰美三者是已。

蓋文學爲藝術的產物，藝術又是應人類精神的要求而成立，人類有求眞的要求，於是有科學；有求善的要求，於是有哲學；有求美的要求，於是有文學。科學以求知爲根本，哲學以求善爲根本，文學以求美爲根本。科學屬於知識，哲學屬於行爲，文學屬於感情。故知識正確則眞，行爲適當則善，情感高尚則美。三者實異用而同體，不可強爲區分。是以科學家執眞爲其中心時，則不可廢善與美；哲學家執善爲其中心時，則不可廢美與眞，文學家執美爲其中心時，則不可廢眞與善。故藝術之高者，可在情深處見其至情，理邃處見其至善。

如夫子於「易」，乾坤兩位，獨制文言，不但發明天地的精蘊，銓釋四德的內涵，更比偶其法，錯綜其辭，故清代阮芸臺推爲千古文章之祖❽。

其於「書」，伏生於尚書大傳引孔子的話說：「六誓（甘誓、湯誓、泰誓、牧誓、費誓、秦誓）可以觀義，五誥（酒誥、召誥、洛誥、大洛、康誥）可以觀仁，甫刑可以觀誡，洪範可以觀度，禹貢可以觀事，皐陶謨可以觀治，堯典可以觀美」。所以子夏嘆書，「昭昭若日月之代明，歷歷如星辰之錯行」❾。

其於「詩」，就思想方面言，深得感情之正。荀卿勸學篇以爲「詩者，中聲之所止也」，足以證明詩經三百篇，不拘哀怨諷刺，皆能情禮相配，發而中節。是以孔子讚關雎「樂而不淫、哀而不傷」，讚二南「人而不爲周南召南，其猶正牆面而立」。明體用「詩可以興、可以觀、可以羣、可以怨，邇之事父，遠之事君，多識於草木鳥獸之名」。❿劉勰說：「溫柔在誦，最附深衷」⓫，正是讀詩有得之言。

其於「禮」，可說是修己治人，經緯萬端。故禮記禮運篇云：「夫禮之初，始諸飲食，其燔黍捭豚，汙尊而抔飲，蕢桴而土鼓，猶若可以致其敬於鬼神。」由最原始質樸的儀節，可用來致敬於鬼神。孔子說：「夫禮，先王以承天之道，以治人之情，故失之者死，得之者生。」其關係於世道人心者，亦至深且鉅矣。曾國藩經史百家雜鈔典志類，推周禮、儀禮，以及禮記的王制、月令、明堂位爲全編之首。雜記類的投壺、深衣、內則、少儀、周禮的考工記爲羣言之祖⓬。至於檀弓，固以說禮名家，但各篇造語的精潔整練，布局的圓融條達，可謂散體中的神品，所以劉勰說：「採掇片言，莫非寶也」⓭。

其於「春秋」，所謂「夫子閔王道之缺，傷斯文之墜，靜居以嘆鳳，臨衢而泣麟，於是就太師以正雅頌，因魯史以修春秋，舉得失以表黜陟，徵存亡以標勸戒」⓮，這是孔子寓褒貶，別善惡的一部書，所以他說：「知我者，其惟春秋乎！罪我者，其惟春秋乎！」孟子也有「詩亡然後春秋作」的話，正因爲他持有「善善惡惡，賢賢賤不肖」的態度，在筆則筆，削則削的中間，行文便特別具有分寸。杜預春秋左氏傳集解序，說春秋爲例之情有五：「一曰微而顯，二曰志而晦，三曰婉而成章，四曰盡而不汙，五曰懲惡而勸善」。⓯所以劉勰一再講，春秋是「睿旨遙深」，是「經文婉約」，是「微辭以婉晦」⓰。

似此，則五經無論是內容，是形式，或內容形式的配合上，根據上文可說是無處不眞！無處不善！無處不美！經典者，眞善美之化身也！中國文學之驪淵也！劉勰說：「（五經是）性靈鎔匠，文章奧府，淵哉鑠乎，羣言之祖」⓱，它是鎔鑄性情的巧匠，是文章深奧的府庫，是浩瀚美麗的象徵，是一切文章的宗祖與開山。凡事皆隨緣起意，木無根不長，水無源不流，經典之與文學，我們說它就像礦山海洋，即令是依山開採，靠海煮鹽，雖千年萬世，亦將取之不盡，用之不竭的啊！

第三節　師法經典之意

歐陽修答祖擇之書云：「學者當師經，師經必先求意。意得則心定，心定則道純，道純則充於中者實，中充實則爲文者輝光。」歐陽文忠公之言，就是韓昌黎「約六經之旨以成文」之意。約六經之旨，可以成文，正因爲其意有可師，意有可師，那就無怪乎柳子厚要「本之書以求其質，本之詩以求其恆，本之禮以求其宜，本之春秋以求其斷，本之易以求其動」[18]，韓昌黎「始者非三代兩漢之書不敢觀，非聖人之志不敢存」，「行之乎仁義之途，游之乎詩書之源，無迷其途，無絕其源，終吾身而已矣」，[19]向五經裏邊去討領袖文壇的地位了。

其次，北宋名臣范仲淹，其經濟事功，道德文章供人稱述的地方很多，在他上時相制學書時，曾說：「善國者，莫先育材；育材之方，莫先勸學；勸學之道，莫尙宗經，宗經則道大，道大則才大，才大則功大。蓋聖人法度之言存乎書，安危之幾存乎易，得失之鑒存乎詩，是非之辯存乎春秋，天下之制存乎禮，萬物之情存乎樂。故俊哲之人入乎六經，則能服法度之言，察安危之幾，陳得失之鑒，析是非之辯，明天下之制，盡萬物之情。」由此觀之，如果我們眞能得經典之意，無論是爲學、爲治、爲教，可說無施不可，無入而不自得了。至於鋪采摛文，乃力行之餘事，更不待言而明矣。

古來學者，宗經意以爲文者，如屈宋的楚辭，劉勰說他是「體憲於三代，風雜於戰國」，「取鎔經旨，自鑄偉辭」。[20]三代暗喻五經，憲三代，雜戰國，鎔經旨，鑄偉辭，這說明屈宋因爲能上繼葩經，下開兩漢，才有推陳出新的成就。

至於司馬遷作史記，謀篇布局，均具有春秋的遺意。他自己說：「自周公卒，五百歲而有孔子，孔子卒後，至於今五百歲，有能紹明世，正易傳，繼春秋，本詩書禮樂之際，意在斯乎！意在斯乎！小子何敢讓焉。」[21]所以在他所著的太史公書一百三十篇，五十二萬餘言中，本紀十二，隱法春秋之十二公，秦紀分割莊襄王以前別爲一卷，而末終漢武之世，爲作今上本紀，顯然是爲湊足春秋十二公的成數，不惜割裂史實，所以清代章實齋說他擬之太過[22]。宗經者，宗經典眞善美的精神也。故不可拘於外表行跡，若宗經徒斤斤於古人形迹之是求，像揚雄之因易經著太玄，因論語著法言[23]，非特無當於文學創作，更犯了非聖無法的弊病。此不但不合溫故知新之旨，尤有假借經意之名，行復古退化之實，實非本人談中國文學本源之用心也。

其他如漢之馬融，「思洽識高，吐納經範，華實相扶。」魏之潘勗，「憑經以騁才，故絕羣於錫命」，晉之孫盛、干寶，「文勝爲史，準的所擬，志乎典訓，戶牖雖異，而筆彩略同」[24]，六朝以下，作家輩出，若劉勰之於文心，鍾嶸之於詩品，唐宋八家，明代七子，有清桐城、陽湖、湘鄉各派學者[25]，凡在文壇上卓然不朽者，無一不師法經意，風格獨標，得成中國文學史上磊落不世的人物。特因人多事繁，故舉其大略，恕不辭贅。

第四節　推尊經典之體

爲文之法，首在辨體，「體」之用於文學，大別有兩種意義，一指體裁，一指體式[25]。體裁今人又名體類，體式又叫體制，今人謂之風格[26]。中國文學的體類雖多，要不出於孔門五經之外。

國人言文體分類最早者，莫過於魏文帝曹丕。丕作典論，所謂「文本同而末異，蓋奏議宜雅，書論宜理，銘誄尚實，詩賦欲麗，此四科不同，故能之者偏也。」分文體為四科八類。陸機作文賦，所謂「詩緣情而綺靡，賦體物而瀏亮，碑披文以相質，誄纏綿而悽愴，銘博約而溫潤，箴頓挫而清壯，頌優遊以彬蔚，論精微而朗暢，奏平徹以閑雅，說煒曄而譎誑。」分為十類。摯虞文章流別論，雖散佚不全，但根據清嚴可均先生的輯佚，仍大略可知其分為十一類。劉勰博綜文筆，文心雕龍由卷二到卷五，共二十篇為文體論，分文章體類為一百七十九類㉗。其他若任昉文章緣起分為八十四類㉘，蕭統昭明文選分為三十八類㉙，黃泰泉著六藝流別不分類㉚。賀仲來文章辨體彙選，分為一百三十二類㉛。姚姬傳古文辭類纂，分為十三類，曰論辨、曰序跋、曰奏議、曰書說、曰贈序、曰詔令、曰傳狀、曰碑誌、曰雜記、曰箴銘、曰頌贊、曰辭賦、曰哀祭。曾國藩經史百家雜鈔繼古文辭類纂而略加損益，分為三門十一類，所謂著述門三類、告語門四類、記載門四類㉜。民國以來，政體不同，文體也隨之更易。就其內容區以別之，凡分論說、記敍、抒情、應用四類㉝。以上種種情形，在本人講「經典對中國文學體裁的影響」時㉞，已詳加說明。

此處所謂「尊經典之體」者，專談「尊經之體式」。「體式」一名「體制」。不過古時所謂「體制」，就是清代所說的「格律」，今人所謂之「風格」。「風格」二字最早連用成詞的，在我國見於文心雕龍議對篇，云：「仲瑗博古，而銓貫有敍。長虞識治，而屬辭枝繁。及陸機斷議，亦有鋒穎，而腴辭弗剪，頗累文骨，亦各有美，風格存焉。」其次見於顏氏家訓文章篇，云「古人之文，宏才逸氣，體度風格，去今實遠，但緝綴疎樸，未為密緻耳。」

在以上兩人的文學理論體系中，雖有「風格」一詞，實際上並不代表重要的概念。民國以來，由於西洋文學批評理論之介入，「風格」之爲用始廣，並受到學界的重視。但其意義與我傳統看法未盡符合，故在此略而不用，用「格律」來說明「體制」。格律者，「格」指文章的體制，「律」指文章的法度㉟。換言之，「格」謂人之所當爲，「律」謂人之所宜戒，所當爲屬積極的一面，所宜戒屬消極的一面。以下就從這兩方面論人之從事創作，如何推尊經典之體。

先就人之所當爲而言，經典之文皆有規矩法度。此規矩法度，雖屬經典之文，但究其爲用，後世一切文章作法，要不出其範圍，所謂「窮高以樹表，極遠以啓疆，百家騰躍，終入環內者」是也。劉勰文心雕龍云：「（聖人）文成規矩，思合符契，或簡言以達旨，或博文以該情，或明理以立體，或隱義以藏用。」又說：「春秋一字以褒貶，喪服擧輕以包重，此簡言以達旨也；豳詩聯章以積句，儒行縟說以繁辭，此博文以該情也；書契決斷以象夬，文章昭晰以效離，此明理以立體也。四象精義以曲隱，五例微辭以婉晦，此隱義以藏用也。㊱」其義在言文章的寫作，法度固多，若約以別之，不外隱、顯、繁、簡四者而已。四者雖各有至當，而一皆準乎自然㊲。只要合乎自然，像春秋，喪服之文，亦不能嫌其簡。豳詩、儒行之篇，自不能病其繁。書契之用，取其決斷；文章之義，效其離麗，理當顯明。易之爲書，以假象設教；春秋之作，以婉晦起例，理所當隱。然而凡事不憑虛而生，所以我們要問經典之文又何以會有如此之規矩法度呢？依照劉勰從觀察力、領悟力、創造力和想像力四方面來看，是因爲聖人能「鑑周日月，妙極機神，文成規矩，思合符契」，㊳稟有卓越的智慧和過人的能力。所謂「道心惟微，聖謨卓絕，牆宇重峻，吐納自深」㊴者是也。文心雕龍便根據這個道理，推論我國文體源於五經，他說：「論說辭序，則易統其首；詔策章奏，則書發其源；賦頌謌讚，則詩立其本；銘誄箴祝，則禮總其端；記傳盟檄，則春秋爲之根。㊵」這段話最當注意的是各句的末三字，所謂「統其首」、「發其源」、「立其本」、「總其端」、「爲之根」。他認定經典與文學體裁雖然有不可分割的關係，但只是爲其首、爲其源、爲其本、爲其端、爲其根而已，並非成熟到無懈可擊，仍有無限的彈性，亟待開拓，亟待培植，亟待發展。蓋萬物皆不自生，莫不來也有自。所以劉氏所說的後世文體淵源於五經，可以說是窮本溯源，追根究柢之論。我們既知後世文體源於經典，則爲文必須尊經典之體，做寫作的規範，便屬理所當然的事了。

文體不同，作法亦異。一種作法，一種風格。曾如魏文帝典論說：奏議宜於「雅」，書論宜於「理」，銘誄尚乎「實」，詩賦欲其「麗」。陸機文賦說：詩要「緣情」而「綺靡」，賦要「體物」而「瀏亮」，碑要「披文」以「相質」，誄要「纏綿」而「悽愴」，銘要「博約」而「溫潤」，箴要「頓挫」而「清壯」，頌要「優游」以「彬蔚」，論要「精微」而「朗暢」，奏要「平徹」以「閑雅」，說要「煒曄」而「譎誑」。劉勰文心雕龍定勢篇也說：章表奏議之體，則準的乎「典雅」；賦頌歌詩之體，則羽儀乎「清麗」；符檄書移之體，則楷式於「明斷」；史論序注之體，則師範於「覈要」；箴銘碑誄之體，則體制於「弘深」；連珠七辭之體，則從事於「巧豔」。昭明文選亦云：頌者以「游揚德業，褒讚成功」爲主。箴興於「補闕」。戒出於「弼匡」。論應「析理精微」。銘應「序事清潤」。「美終」則誄發。「圖像」則讚興。至於「詔誥敎令之流，表奏牋記之列，書誓符檄之品，弔祭悲哀之作，答客指事之制，三言八字之文，篇辭引序，碑碣誌狀，衆制鋒起，源流間出。譬陶匏異器，並爲入耳之娛；黼黻不同，俱爲悅目之翫。」近人蔣伯潛著「文體論纂要[41]」，該書卷尾有「風格論」上下篇，參古驗今，分由具體抽象兩方面，討論文章的風格。從具體方面說：於文辭則有「繁縟」與「簡約」。於筆法則有「隱曲」與「直爽」。於章句形式則有「整齊」與「錯綜」。於詩文格制則有「謹嚴」與「疎放」，於文章意境則有「動蕩」與「恬靜」。從抽象方面說：於聲調則有「曼聲」與「促節」，「宏壯」與「纖細」。於色味則有「濃厚」與「平淡」。於神態則有「嚴肅」與「輕鬆」。於氣象則有「陽剛」與「陰柔」，「正大」與「精巧」。可見文章的體裁一旦不同，作法即隨之發生變化，作法發生了變化，風格也跟著產生不同的面目。所以劉勰說：「望今制奇，參古定法」，便是指「會體」而言。爲文如能「會體」，不僅不會跨略舊規，馳騖新作，同時還能達到「總文理、統首尾、定予奪、合涯際，彌綸一篇，雜而不越」的境界[42]。

其次，再就人之所宜戒者而言：文體既分，則行文的得失，自當依各體作法以爲斷。而每體各有一定的法律，凜然不可侵犯。過去劉勰著文心雕龍，其指瑕篇以爲「古來文士，異世爭驅，或逸才以爽迅，或精思以纖密，而慮動難圓，鮮無瑕病」，首先列出六瑕，以爲六朝辭人行文之戒。此六瑕者就是「文義失當之瑕」，「比擬不類之瑕」，「字義依稀之瑕」，「語音犯忌之瑕」，「掠人美辭之瑕」，以及「注解謬誤之瑕」。其後，顏之推作家訓，在文章篇中繼劉勰指瑕之後，又增列「擇題不愼之瑕」，「聲音嫌疑之瑕」。「引詩不當之瑕」，

「用事訛濫之瑕」，「代言未允之瑕」，和「措辭失禮之瑕」六類。唐朝顏師古的匡謬正俗[43]。更分出諸經小學，諸史及石刻，雜著及詩文，以及用語考正等，得一百八十二條文病。宋代呂祖謙古文關鍵[44]，論爲文用字之病，常人易犯者，有「深、晦、怪、冗、弱、澀、虛、直、疎、碎、緩、暗、塵俗、熟爛、輕易、排事、說不透、意未盡、泛而不切」等一十九條。元陳繹曾作文章歐冶[45]，論文章風格之病，有三十六條。明代宋濂作文原[46]，更總括古今文章之病，有所謂四瑕、八冥、九蠹之說。歸有光文章指南[47]，謂文病十有九種。清袁子才作古文十弊[48]。章學誠作文史通義時，也以爲「近世文章，不愜於心」，於是撰古文十弊[49]，抉發文隱。民國初年張鴻來認爲今人之文，也有類乎前人之弊者，遂作今文十弊[50]。以後林語堂繼張氏之後，而踵事增華，也發表了有名的今文八弊[51]。至於其他若顧炎武的救文格論[52]，姚永概於文學研究法專設「格律」一篇，對於「古今文家的戒律」，和「文之當作與否」可謂諄諄告誡。林紓春覺齋論文，以爲文章有十六忌[53]。綜觀以上各家所論雖然有條目多寡的不同，但言文弊的旨趣則一。正見人之爲文，於古人文章之瑕，不可不知；於自己作品之瑕，尤不可不檢。元遺山詩云：「撼樹蚍蜉自覺狂，書生技癢愛論量。老來留得詩千首，却被何人較短長。[54]」文之有「律」亦如國家之有「法」；爲人如不守法，及至犯上作亂，身罹囹圄尚懵然不知其因；而爲文者若破壞戒律，更不免白璧一玷，而有遺憾千載之悲了。

回顧兩千年來，我國文體的變化，先由體裁的變化，帶動體式的變化，再由體式的變化，使文章義法發生了種種新的觀念，和新的作法。我們今人爲文自無須處處被古人的成規定例所囿；但亦不可不借重古人的成規定例，作爲自己寫作，以及今後改進文體的參考。所以尊經典雅麗兼備之體，棄時下標新立異之病，以免勢流不返，文體更弊，實在是當前急務，爲吾人責無旁貸的使命啊。

第五節　模仿經典之文

經典之文所以堪爲後人取資者，因爲它具有既雅且麗的兩大特色。文心雕龍不云乎：「聖文之雅麗，固銜華而佩實者也。」文章如能銜華佩實，則一切之能事畢矣。銜華就是麗，佩實就是雅，而三百篇由於文合雅麗，孔子才有「關雎樂而不淫，哀而不傷」㊺，「一言以蔽之，曰思無邪」㊻的譽評。且雅者，非僅辭藻雅馴而已，其寫作之由，著述之意，必須棄勢利，不然，一個人若熱中名利，而泛詠皐壤之樂，心纏幾務，而虛述人世之外，即令詞雅，心亦不雅；心既不雅，則華詞麗句亦必不能掩其口是心非之病㊼。

昔司馬遷著史記，固然是因爲世爲史官，繼父志，承前業㊽，但是我們看他全書五十二萬六千五百字中，爲了記述前代帝王卿士們的事功，於是「本紀以述帝王，世家以總侯伯，列傳以錄卿士，八書以鋪政體，十表以譜年爵」㊾。拾遺補闕，成一家之言。自序云：「厥協六經異傳」，也就是因爲他能協同六經異傳，所以可久可大，千年以下，讀之猶不覺情深意永，爲之興起。至於行文措辭，五帝本紀贊云：「百家言黃帝，其言不雅馴，薦紳先生難言之」，又說：「擇其言尤雅者」，可見遷之作太史公書，苟非雅言，皆在擯斥之列。其選擇之精審，而示後人以宗經的原則。今人孫德謙作太史公書義法，曾慨乎言之，曰：「自來論史學者，以史不易作，每有史裁之說。裁之爲言，非美其能裁擇乎。近世身居史職者，貪多務得，撰一列傳，纚纚至數萬言。……然後嘆以遷之才得稱良史者，即此修辭之雅，由於長於采擇，已爲人所難矣[60]。」史記造語以「雅」爲先務，足徵其所以能傳遠流廣，推爲百代通史之祖的主要原因，在於摹效經文的雅麗，有以致之也。

文學作品，固以情爲主，但內容必須假借形式來表現，所以文格高古，發人幽思者，便往往在於詞雅句麗。如漢樂府陌上桑云：「日出東南隅，照我秦氏樓。秦氏有好女，自名爲羅敷。……頭上倭墮髻，耳中明月珠。緗綺爲下裙，紫衣爲上襦，行者見羅敷，下擔捋髭鬚。少年見羅敷，脫帽著綃頭。耕者忘其犁，鋤者忘其鋤。來歸相怨怒，但坐觀羅敷。使君從南來，五馬立踟躕。使君遣吏往，問是誰家姝？……羅敷前致辭：使君一何愚？使君自有婦，羅敷自有夫。……」此篇前段描寫羅敷之美，令人興愛憐之心，以致行者下擔、少年脫帽、耕者忘犁、鋤者忘鋤，搔耳抓腮，坐立不安。後段致詞盛誇其夫，以絕使君，令人成敬悚之容。高雅驕逸，冰清玉潔，眞有鶴立雞羣，芙蓉出水之態。蓋其內蘊有品德端莊高尚之美，因而資成其風姿談吐的雍容典雅，終爲文壇不朽之作。

至於晉陶淵明不甘爲五斗米折腰，賦歸去來辭，中有「悟以往之不諫，知來者之可追；實迷途其未晚，覺今是而昨非」句，情眞志切，動人心弦。歐陽修說：「晉無文章，惟陶淵明歸去來辭」[61]。李格非也說：「歸去來辭，沛然如肺腑中流出，殊不見斧鑿痕。[62]」他那種樂天知命，質而自然的情形，方之古詩，可謂風流不減。所以劉後村稱「淵明一生，惟在彭澤八十餘日涉世故，餘皆高枕北窗。無榮，惡乎辱？無得，惡乎失？[63]」他以爲這就是淵明絕唱寡合的原因。究其實，在情眞、事眞的背後，使人感受到他有一股「皭然涅而不緇，雖與日月爭光可也」的節操者，還是透過雅俗共賞的妙文逸趣，給讀者帶來有力的震撼。

然而古來說經者都貴乎「正」，而爲文者却貴乎「奇」，奇者易流於巧，正則難以爲工，雖以韓、柳、歐、蘇的才華，有關此類作品，也難有上乘之選。所以摹效經典之文，不能徒重其形貌，而遺其精神。孔子說：「辭達而已矣」，可見，文章雅麗的基本原則，在使質而不枯，華而不縟，深而不晦，淺而不俗，輕而不浮，重而不滯，巧而不纖，拙而不鈍，博而不雜，簡而不陋，奇而不詭，正而不腐。昔人以爲想要文章雅麗，不可入時帖括語，不可入小說俳諢語，不可入漢人箋注語，不可入宋儒學案語，這雖然不是甚麼必須墨守的成規，但都可以說是作者行文的殷鑑[64]。民國以來，胡適之先生發表「文學改良芻議」，言今日文學改良，更須從八事入手：「一曰須言之有物，二曰不摹仿古人，三曰須講求文法，四曰不作無病呻吟，五曰務去爛調套語，六曰不用典，七曰不講對仗，八曰不避俗字俗語。」以後，林琴南畏廬論文，有所謂爲文十六忌，其內容是「忌直率，忌剽襲，忌庸絮，忌虛枵，忌險怪，忌凡猥，忌膚博，忌輕儇，忌偏執，忌狂謬，忌陳腐，忌塗飾，忌繁碎，忌糅雜，忌牽拘，忌熟爛。」[65]如將各說相較，雖因時異代變，持論不同，但把握文學變化的主流，點明雅麗共運的特色，却是今古同然。至於有人專門以法古而鳴高，以標新而釣譽，我認爲這不僅不是銜華佩實的精神，更是誣聖滅法，不足爲訓。

今人爲文，往往好用外國文字，或句型歐化，一旦入眼，令人臨文墜泣，難以卒讀；或顚倒文句，上字抑下，中辭外出，完全不合行文的語序，而且以爲創格；甚或虛構不實的故事，揑製虛僞的感情，寫些無病呻吟討人哀憐，立異鳴高的文字㊱。惡之者，屏爲洪水猛獸，好之者，奉爲俊傑先驅。實際上如果拒之過甚，難免遭故步自封之譏；好之彌切，也有數典忘祖之誚。總之，我們中國文學在這個中西新故之爭，極端敏感衝突的時代，若想在傳統的巨流裏，希望有所突破的話，一方面要勇敢的承認現實，另一方面還要向經典認同。劉勰說：「練青濯絳，必歸藍蒨，矯訛翻淺，還宗經誥。斯斟酌乎質文之間，而檃栝乎雅俗之際」㊲，所謂「斟酌質文，檃栝雅俗」，就是在傳統與現代結合的時刻，指出摹效經典之文，乃通古變今的準則。

第六節　擴大經典之論

文學之事，作者以外，還有讀者。蓋作者雖已成塚中的枯骨，而其生平述造，猶能綿綿不絕者，實端賴精識密察的讀者，能默契於寸心，神遇於千古。固然就作者本人而言，或許無求名身後之心，但是對學術性情來說，却胥賴文章以自見。似此，則識鑑的精粗，賞會的深淺，關係作者的一生，以及民族國家者至深且鉅。劉勰說：「知音其難哉！音實難知，知時難逢，逢其知音，千載其一乎！㊳」相信這不僅是他自己在創作過程中的悲苦體驗，同時也是文壇大衆的共有之嗚。

文學創作與鑑賞，二者關係至爲微妙，默察我國三千年來的文學批評史，對文學作品的實際批評向少建樹，而對文學理論的創發，却代有名家，不遺餘力。兩漢以前，姑且不論矣，論建安黃初之際：由於文體日繁，首先提出論文之說的，就是曹丕的典論，繼此以下，若摯虞文章流別論，李充翰林論，陸機文賦，雖然踵其事而增華，但皆短篇小品，不成規模。眞正勒成專書，流傳至今者，當推劉勰的文心雕龍和鍾嶸的詩品。劉勰洞明文學的本源，條列創作的原理，妙抉爲文的用心。鍾嶸第作者之甲乙而溯厥師承，於用事、聲病二者，論點尤爲超邁時人[69]。文心、詩品既成我國文學理論的兩大重鎭，而隋唐以後，因受佛學內來的影響，使中國傳統文學因融合而有了異常突出的發展。文學理論也隨著文體的不同，而各自分道揚鑣。於是繼鍾嶸詩品之後，而有詩話、詞話、曲話。繼劉勰文心之後，而有文話與小說評點。各擅勝場，別創宏規[70]。近百年來，由於中西交通大開，文化交流頻繁，加以時賢的刻意引進，文學批評特別受到重視。可是逆溯往古，除劉勰於文心雕龍知音篇提出「圓照之象，務先博觀……無私於輕重，不偏於憎愛，」和「將閱文情，先標六觀」的主張，所謂：「一觀位體，二觀置辭，三觀通變，四觀奇正，五觀事義，六觀宮商」以外，其他皆屬碎玉零縑，具體的批評標準，尚不多覯。

文學封域廣大，門類衆多，故曰「文非一體，鮮能備善[71]」，所以欲求一客觀的評價，避免「貴古賤今」、「文人相輕」與「信僞迷眞」之譏，確實有很多困難。譬如在作品體裁方面：有有韵之文與無韵之文，而有韵之文中，詩與詞不同，詞與曲不同；無韵之文中，散文與駢文不同，記敍與論說不同，描寫與抒情不同。在時代方面：無韵之文，始而奇偶相生，自然成采，繼而體析駢散，分道並馳。所以同一駢文也，齊梁與漢魏不同；同一散文也，唐宋與周秦異趣。民國以來，詩中又有新舊，文中又分文白，且黨同伐異，是非兩端。於此想要取兩用中，以定情僞，可謂戛戛乎難矣。在作家個性方面：如子雲、相如的雄偉，劉向、匡衡的淵懿，韓愈、柳宗元的奇詭，歐陽修、曾鞏的質實，彼此之間又神理攸殊，性情各異[72]。同一時代矣，於梁有所謂「永明體」、「宮體」、「吳均體」、「徐庾體」，於唐有所謂「上官體」「沈宋體」「元和體」，此文學風氣之別[73]。同一作者矣，由於生平遭遇不同，早年的作品不同於中年，中年又別於晚年。如曹子建與七子遊宴鄴都時，其作品是一番面貌，滯留陳留、東阿時，作品又是一番面貌，此又因作者進境的不同，而有所差異[74]。雖然或因體裁，或因時代，或因個性，或因文風，「各師成心，其異如面」[75]，但是優美的文學，絕不因體裁、個性、而有所軒輊。究其所以能不廢江河萬古流者[76]，其中必有一共同之點。那就是合乎「眞善美」的美學原理的要求。

孔子曰：「道二，仁與不仁而已矣」[77]，按照朱熹的解釋：「仁者，愛之理，心之德」[78]，愛之理，心之德，不僅是格至誠正修齊治平的大道，也是衡論文章優劣的準繩。文學既然以抒「情」爲主，唯「美」是尙，然「情」有眞僞，「美」難客觀，因此情感之是否爲美，應以眞善爲其先決條件。則作者一旦心中有喜怒哀樂之情，不吐不快時，然後借用有限的文字，表達無窮的感情，自能噴勃而出，寫成扣人心弦的作品。此何也，因爲情眞事實，人同此心，心同此理的緣故。所以「仁」與「不仁」，正是夫子以「尙用」論文的重要特色。

近人論文之說多如汗牛充棟，但或爲一時興到之言，或爲偏端觸牾之語，或專就修辭，以探索其形式，或直由文意，以尋繹其思想。皆自以爲方法科學，態度客觀。然詳考各家持論的內容，偏於枝葉的較多，探本求源的甚少。是以文學評論之在今天，無可諱言的，尚缺乏一個崇高的思想標準。假使能有一個崇高的思想做標準，然後再配合近代科學的方法，融舊取新，自能精理密察，把文學批評的理論，推向一個新的高峯，正確判斷出作者爲文的用心。此崇高的思想標準爲何？就是「仁」，就是「眞善美」，也就是「經典」之論。

我們閉目凝思，凡以往名垂青史的人物，那一位不是代表「仁愛」的精神。反之，那些遺臭萬年的人物，又那一位不是違犯了「仁愛」的精神。如從作品本身而言，不管它的內容，寫的是死生新故之悲，離別契闊之感，男歡女愛之情，父慈子孝之思，或招飲嘉會，或娛酒爲歡，或登高賦詩，或臨流低吟，或謳歌田園之樂，或描述衆生之相，如能發乎情，止乎禮，自能讓人按之中節，味之雋永，頑夫得之而廉，懦夫得之而立志，給人生帶來積極性的指導，這就是富有此一特質的作品。

作品之能否成爲文學，當以此特質之有無，以及特質之廣狹以爲斷。文學美醜的程度，亦當以此特質之多少，或特質之適當與否來衡量。當然，這不是說凡人具有此一特質者即可以爲文，可是如果無此特質，即令可以爲文，亦勢必不合中國傳統精神的要求。所以「擴大經典之論」來衡量文章的高下，相信作品的「美」「醜」，在「眞善」條件的局限下，必能顯露它健康的本質。

附註

❶ 古史辨一書台灣明倫出版社於民國五十九年三月初版，共分七册，第一册討論古史問題，以大禹爲中心，兼及於歷代之辨僞運動。第二册分上中下三編：上編古史問題，中編孔子與儒家問題，下編關於古史辨第一册之評論。第三册分上下兩編：上編周易經傳問題，下編詩三百篇問題。第四册一名諸子通考，討論周秦諸子著作時代。第五册分上下編：上編漢今古文問題，下編陰陽五行說起源，及其與古帝王系統關係問題。第六册爲諸子續考，上編考證諸子，下編考證老子。第七册分三編：上編古史傳說統論，中編三皇五帝考，下編唐虞夏史考。

❷ 學校教育之忽視經典，忽視傳統，由目前各級學校的課程內容去看，只要略加思考，卽可得知。

❸ 經典對我國影響不限於文學，無論學術、政治、經濟、教育、社會、思想等無不受其影響，讀者請參閱近人李寰先生著孔學通詮（中國孔學會印行），柳詒徵先生編著中國文化史（正中書局印行），梁漱溟著中國文化要義（正中書局印行），梁啓超著中國學術思想變遷之大勢（中華書局印行）。此類著述甚多，恕不一一列擧。

❹ 請參閱王更生作的「經典是中國文學的本源」一文（孔孟月刊第十九卷六期）

❺ 孫德謙先生的「太史公書義法」一書，中華書局出版，此處所引見於該書卷上宗經（五—八頁）。

❻ 以上言孔子與經典關係，見於劉勰文心雕龍宗經篇文。請讀者自行參閱。

❼ 請參閱王更生作的「經典對中國文學創作的影響」一文（孔孟月刊第二十卷第二期）

❽ 阮元，清儀徵人，字伯元，號芸臺，著有研經室文集。其文言說一文云：「孔子於乾坤之言，自名曰文，此千古文章之祖也。」

❾ 子夏嘆書之言，見尙書大傳，而韓詩外傳卷二言詩，亦有「昭昭乎若日月之光明，燎燎乎如星辰之錯行」。

❿ 以上引孔子論詩語，皆見論語。

⑪ 劉勰說見文心雕龍宗經篇。

⑫ 請參閱曾國藩經史百家雜鈔序例典志類與雜記類。

⑬ 同前註⑪。

⑭ 引文見劉勰文心雕龍史傳篇。

⑮ 杜預春秋左氏傳集解序云：「為例之情有五：一曰微而顯，文見於此而起義在彼，稱族尊君命，舍族尊夫人，梁亡，城緣陵之類是也。二曰志而晦，約言示制，推以知例，參會不地，與謀曰及之類是也。三曰婉而成章，曲從義訓，以示大順，諸所諱辟，璧假許田之類是也。四曰盡而不汙，直書其事，具文見意，丹楹刻桷，天王求車，齊侯獻捷之類是也。五曰懲惡而勸善，求名而亡，欲蓋而章，書齊豹盜，三叛人名之類是也。

⑯ 引劉勰說皆見於文心雕龍史傳篇。

⑰ 劉勰說見文心雕龍宗經篇。

⑱ 見柳宗元答韋中立論師道書。

⑲ 見韓愈答李翊書。

⑳ 劉勰說見文心雕龍辨騷篇。

㉑ 引文見司馬遷史記太史公自序。

㉒ 章實齋說，見文史通義內篇匡謬，云「司馬遷著百三十篇，自謂紹名世而繼春秋，信哉三代以後之絕作矣！然其自擬，則亦有過焉者也。本紀十二，隱法春秋之十二公也，秦紀分割莊襄以前別為一卷，而末終漢武之世，為作今上本紀，明欲分占篇幅，欲副十二公之數也。夫子春秋，文成法立，紀元十二，時世適然，初非十三已盈，十一則歉也。漢儒求古多拘於迹，識如史遷猶未能免，此類是也。」

㉓ 見班固漢書揚雄傳贊：「以為經莫大於易，故作太玄，傳莫大於論語，作法言。……」

㉔ 以上引文皆見劉勰文心雕龍才略篇。

㉕ 我國古來對文體之研究，著有專論者如：劉勰的文心雕龍，吳訥的文章辨體，徐師曾的文體明辨，蔣伯潛的文體論纂要，薛鳳昌的文體論。時人徐復觀先生著文心雕龍的文體論，他從文心雕龍文體論的研究，為中國文體論建立許多新觀點。此處言「體」之用於文學大別有兩種意義，亦係粗略言之。

㉖ 請讀者參閱易默譯，德國Wackernagel著的「修辭學與風格論」（國文月刊上卷第四七三～四七八頁），及楊增華著「從養氣說到風骨」（又名中國古代文學理論批評中的作家個性與作家風格問題）（見於津文出版社印行之中國文學批評論文輯第一一七頁）。

㉗ 請參閱王更生著文心雕龍研究第八章「文心雕龍文體論」三〇九～三三一頁（文史哲出版社印行）。

㉘ 文章緣起又名文章始，題梁樂安任昉彥升撰，明檇李陳懋仁註，廣文書局印行。

㉙ 駱鴻凱著文選學，其中第九章讀選導言之三，言文選分體三十有八，並與文心雕龍兩相比較。書為中華書局印行。

㉚ 明代香山黃泰泉採摭漢魏以下詩文，分類編敍，都分配在六經之下，名曰六藝流別。

㉛ 明賀仲來因吳訥的文章辨體搜羅未廣，別為蒐討，從三代到明末，分門別類，以成此書。共七百八十卷，一百三十二類，每體之首，皆有凡例，見四庫提要集部總集類。

㉜ 曾國藩經史百家雜鈔於分類之外，再揭示三門，為從來所未有，學者可以知文體之大綱，此其最大特色。將傳狀、碑誌二類合為傳誌；贈序一類併入序跋；箴銘贊頌附入詞賦，是將姚氏十三類更趨簡化。

㉝ 見國民中學國文課程標準第三、教材大綱。高級中學國文課程標準草案第三、教材大綱，壹、範文及國學常識。

㉞ 請參閱孔孟月刊第二十卷第一期。

㉟ 請參閱近人姚永概著文學研究法，格律第十七（廣文書局印行）

㊱ 以上所引文心雕龍語，均見該書徵聖篇。

㊲ 請參閱王更生著的文心雕龍研究第四章文心雕龍之美學，三、美學的基礎（該書二一四～二二一頁）。

㊳ 文見文心雕龍徵聖篇。

㊴ 文見文心雕龍宗經篇。

㊵ 引文出處同註⑮。

㊶ 文體論纂要一書，正中書局印行。除緒論與結論外，內分二十章。其第十九與二十兩章專論風格，最具系統，請參閱。

㊷ 引文見文心雕龍附會篇。

㊸ 匡謬正俗一書，台灣商務印書館有人人文庫本，請參閱。

㊹ 古文關鍵一書，台灣商務印書館印有叢書集成簡編本，請參閱。

㊺ 文章歐冶一書不經見，私立東海大學圖書館藏有日本元祿元年刊本，全書一冊，不分卷，正文旁附有日文訓讀，請借閱。

㊻ 文原一書，台灣商務印書館印有叢書集成簡編本，請參閱。

㊼ 文章指南一書，廣文書局印行，請參閱。

㊽ 袁子才古文十弊，見王葆心古文辭通義引（上冊第三十一頁）。

㊾ 章學誠古文十弊，見於文史通義內篇二。其十弊內容標目略謂：「一曰剜肉補瘡，二曰八面求圓，三曰削趾適屨，四曰私署頭銜，五曰不達時勢，六曰同里銘旌，七曰畫蛇添足，八曰優伶演劇，九曰井底天文，十曰誤學邯鄲。」

㊿ 張鴻來今文十弊，見於師大月報十三期，其內容標目略謂：「一曰當面撒謊，二曰不爲親隱，三曰胡造謠言，四曰童話文藝，五曰拙劣畫師，六曰時局濫調，七曰合璧文章，八曰目無全題，九曰半死半活，十曰小丑文豪。」

51 林語堂今文八弊，見於人間世二十七至二十九期。其內容標目略謂：「一曰方中作祟，豬肉薰人。二曰隨得隨失，狗逐尾巴。三曰賣洋鐵罐，西崽口吻。四曰文化膏藥，袍笏文章。五曰寬己責人，言過其行。六曰爛調連篇，辭浮於理。七曰桃李門牆，丫頭醋勁。八曰破落富戶，數僞家珍。」

52 顧炎武的救文格論，見於他的著作「日知錄」。

53 林紓春覺齋論文十六忌，見文津出版社印行之「畏廬論文等三種第三十二至四十八頁。內容標目略謂：「忌直率、忌剽襲、忌庸絮、忌虛枵、忌險怪、忌凡猥、忌膚博、忌輕儇、忌偏執，忌狂謬，忌陳腐、忌塗飾、忌繁碎、忌糅雜、忌牽拘、忌熟爛。

54 元遺山詩見論詩絕句三十首。

55 引文見論語八佾篇。

56 引文見論語爲政篇。

57 以上文意，取之文心雕龍情采篇。原文曰：「爲情者要約而寫眞，爲文者淫麗而煩濫。而後之作者，採濫忽眞，遠棄風雅，近師辭賦，故體情之製日疎，逐文之篇愈盛。故有志深軒冕，而汎詠皐壤，心纏幾務，而虛述人外，眞宰弗存，翩其反矣。

58 事見史記太史公自序。

59 史記本紀十二，世家三十，列傳七十，書八，表十，共一百三十篇。班彪史記論有「序帝王則曰本紀，公侯傳國則曰世家，卿士特超則曰列傳」，此處是引文心雕龍史傳篇文。

60 孫德謙太史公書義法卷上擇雅篇有此文，孫著台灣中華書局出版。

61 歐陽公語，見宋李公煥「箋註陶淵明集」卷五引，又清黃本驥「癡學」卷五「讀文必得」亦引有此說。

62 李格非語，見宋李公煥「箋註陶淵明集」卷五引。

63 後村語，見宋劉克莊的後村詩話。

64 以上說法，見吳仲倫「初月樓古文緒論」，又方望溪先生年譜，望溪訓門人沈廷芳亦有此說。

65 林琴南畏廬論文，文津出版社出版，書名「畏廬論文等三種」。

66 以上言今人爲文之內容，近年報章雜誌多有評論，恕不一一列舉。

67 引文見文心雕龍通變篇。

68 引文見文心雕龍知音篇。

69 鍾記室詩品於用事,反對用典,如云:「至於吟咏情性,亦何貴用事。『思君如流水』,既是卽目。『高臺多悲風』,亦唯所見。『淸晨登隴首』,羌無故實。『明月照積雪』,詎出經史。觀古今勝語,多非補假,皆由直尋。」於聲病,反對聲律,如云:「嘗試言之,古曰詩頌,皆被之金竹,故非調五音無以諧會。若『置酒高堂上』,『明月照高樓』,爲韵之首。故三祖之詞,文或不工,而韵入歌唱。此重音韵之義也,與世言宮商異矣。今旣不被管絃,亦何取于聲律耶?」

70 請參閱本人作的中國文學批評概觀第四節「中國文學批評發展的兩條路線」(文見巨流出版社印行的「中國文學講話」㈠概說之部。

71 引文見魏文帝曹丕典論論文。

72 以上言作者個性之不同,造成作品風格之差異,請參閱劉勰文心雕龍「體性篇」,及曾國藩「聖哲畫像記」二文。

73 以上言文學風氣之別,請參閱近人郭象升先生著「文學研究法」第三章「文派論」一文。

74 請參閱淸丁晏「曹集詮評」(廣文書局出版)。

70 引文見文心雕龍體性篇。

76 此處用杜甫「戲爲六絕句」評初唐四傑王楊盧駱之語意。

77 見呂思勉「文學評剕之標準」引(文見中華書局出版之「中國語文學研究」)。

78 朱夫子說,見論語集註學而篇,有子曰章註釋。

第九章　中國文學前途的展望

第一節　前　言

文學創作可以不必談目的，但不可以不談思想。文章沒有正確思想，不僅言之無物，更言之無我。司馬遷云：「好學深思，心知其意」❶，深思者何？心知其意者又爲何？一言以蔽之，思想是也。思想由何而來？劉勰於文心雕龍提出積學、酌理、研閱、馴致四法❷，而四法之中，以積學爲最要。蓋「不聞不若聞之，聞之不若見之，見之不若知之，知之不若行之」，能知能行，則積理自深，積理深，然後見識明，見識明，然後思想乃固。一旦發爲文章，不但不爲附會之詞，而且還能在意中造情，情中樹境。

當此中西文化劇烈交流的今天，我們於借石攻錯之際，對傳統亦不能妄加菲薄，因爲它畢竟是我們民族文化的根源，祖先思想的結晶。再說文化價值的大小或有無，往往因觀點、需要、時代、環境的不同而迥異。尤其現在講到中國文學的本源，更可以印證這個道理。因爲經典之與文學，亦如父母之與子女，彼此有血肉相連的親情。這種親情，固然由於時異代變，其中發生了若干的轉化，但是我們仍然可以替他們找到一脈相承的關係來。清初方東樹昭昧詹言說得好：「昔人言六經以外無文章，謂其理、其辭、其法皆備，但人不肯用心求之耳。」可見經學雖非專爲文學而設，但中國文學的根源要皆在乎此。以下本人再以正視傳統思想的價值，掌握文學發展的主流，結合三民主義的創作典範等三項，一方面作爲本文的結束，另一方作爲對中國文學前途的展望。

第二節　正視傳統思想的價值

中國文學的傳統思想就是孔子思想，孔子的思想在經典，經典的基本原理就是道❸，其行事之具體可見者叫做「仁」。古來言政敎修爲者，固未嘗忽乎此，言中國文學理論者，也莫不本乎此。所以我在本文開宗明義時便說，經典者，中國文學的本源也。

觀周秦以迄民國，一部中國文學發展史，凡是文能成家的作者，無不貼著傳統思想去寫作；任何一部作品，也無不從傳統思想裏去闡揚人性，發揮至情，嚴守道本，扣緊主題，用死生一之的決心，換取立言不朽的代價。文學作品之有思想，亦如人體之有精神，天地之有正氣。文學是藝術的產物，但不是純粹的藝術。文學執美爲中心，但必須以眞善作先決條件。我國傳統的文學思想，有時雖因時因地而改變形態；但其基本精神，却萬世一系，從不稍異。近年講「文化整合」的人不知凡幾，而究其用心，多半傾向於全盤西化。殊不知解鈴還是繫鈴人，道在邇不必求諸遠，事在易不必求諸難，試問我不自救，人誰救我。所以我講中國文學的本源，目的在希望從傳統思想裏，招回已失的民族靈魂。從而與三民主義建國的思想相結合，樹立倫理、民主、科學的文學新生命。

過去張道藩先生在世的時候，曾經說：「一個作家應該從理智中產生作品，要用現實的形式，站在民族的立場，創造我們民族的文藝。」❹張先生講的是一個作家應盡的本分，如果擴而大之，從整個中國文學發展的標竿上看，又何獨不然！所以我們正視傳統思想的價值，決不是「門羅主義」的自我孤立❺，有意排拒外來的學術文化；而是強調在中國歷史文化的基本特徵下，找出一條突破傳統，創新文學的光明大道。

夫創新必本推陳，推陳始可創新；傳統不是落伍，落伍是不講傳統。回想近百年來，作為時代尖兵的文學，在動盪不安的局面下，捲入了中西新故的嚴重爭執，使我國文壇始終不能脫離門戶幫派的羈絆，作紮根結果的努力。甚而諱言經典，諱言傳統，視經典如糟粕，如敝屣。以為文學的中心是「唯美」，文學的使命在「抒情」；殊不知情有眞偽，美難客觀，如果有人以虛偽之情，披著假善外衣的美，來寫他帶有色彩的文字，則貽害之大，眞有不可估計者矣！所以從胡適之先生的「文學改良芻議」，到先總統　蔣中正先生的「中華文化復興運動」，這一顯明的轉變，不但給中國近百年來的文學找到了病根，同時也提示了確切的療病藥方。經典既是中國文學的本源，今後我們自當本照「復」「興」並重的原則，來正視傳統思想的價值。

第三節　掌握文學發展的主流

中國文學的本源既是經典，有以不變應萬變的本質，那麼我們就從它的執一不變中，看它肆應萬變的情形，從而掌握文學發展的主流，向著正確的目標邁進，是有必要的。既然如此，則後人所謂「一時代有一時代的文學」，又作何說乎？顧炎武日知錄云：「三百篇之不能不降而楚辭，楚辭不能不降而漢魏，漢魏之不能不降而六朝，六朝不能不降而唐也，勢也。❻」顧文所說的「勢」，指的就是潮流。可是爲什麼會產生這種不得不然之「勢」呢？他並未進一步說明。

大別說來，「勢」不自生，因形而成。無形即無「勢」。而形生「勢」成，有幾個重要因素：如政治、時代、學風、作家、信仰、民族融合、文化交流等。任何一種，均可造成不得不然之「勢」，而其中以「文化交流」的因素最爲重要。所以我們從歷代學術思想的角度，來看中國文學發展的大勢，才能解答這個不得不然之「勢」的形成原因，和彰顯經典在中國文學演進中，所扮演的角色，並可藉此體認演進中的文學主流，而加以掌握。

就拿漢賦而言，它是我國經典與代表長江流域文化的楚辭，交流後轉化而成的新體裁❼，加上漢武的提倡，於是成了兩漢文壇的主流。次就唐詩、宋詞、元曲、明人戲曲、清代小說而言，又是經典與印度佛教文化發生接觸後，轉化而成的新體裁。雖然七言與長短句，在詩經中久有此等句型，可是如果由雜言體一變而爲格律嚴整的近體，假使沒有印度佛教的內來，即令是唐初上官，沈、宋等家，再有絕世才華，也不能無中生有，樹立近體的規模❽。至於宋詞、元曲、明人戲劇、清代小說，只要你略事涉獵敦煌石室的資料，就不得不承認中印文化交流，對中國文學的內容和形式，所造成的空前震憾❾！可以說沒有中印文化交流，則六朝以後的中國文壇，絕不會如此欣欣向榮，有光耀史乘的勝景。而有了中印文化交流後，則詩之於唐，詞之於宋，曲之於元，戲劇之於明，小說之於清，各爲當代的文學主流，形成一時的運會。其間故然也有古文，有辭賦，有四六，有傳奇，有彈辭等各種不同體裁的作品，但相形之下，這些都不能獨占鰲頭，理應退居次要地位。

今中西文化交流，由道光二十二年（西元一八四二）算起，迄今已一百四十六年，民國也跨入了七十七年代的中期。那麼我們新中國的文學主流，又當誰屬乎？一言以蔽之，曰白話文，白話詩是也。而白話詩文所以迄今未能定型，遭人非議者，正因爲缺乏領袖騷壇，才大若天，像唐之李杜、宋之蘇辛、元之關馬，那樣吐故納新的人物。而究其所以缺乏的原因，又是破壞多而建設少，西化多而傳統少。所謂「水之積也不厚，則其負大舟也無力；覆杯水於坳堂之上，則芥爲之舟，置杯焉則膠，水淺而舟大也。」⑩

回顧往古，凡名垂青史的作家，無不受傳統思想的影響；偉大的作品，也無不從經典中來。鑑往知今，在本階段的文學發展中，想要掌握主流，達到炳耀日月，垂文千載的目的，那就看我們能否上法經典不敝之文以爲斷。

第四節　結合三民主義的創作典範

大凡一個學術思想的發展，都是其來也有自，其去也有歸。中國文學的本源，既來自經典；其歸向又將如何乎？曰：「三民主義」。故結合三民主義的創作典範，爲中國文學發展的正確導向。

三民主義之所以與中國文學結合者，其法有三：首先，是與三民主義的思想相結合。孫中山先生說：「主義就是一種思想，一種信仰，一種力量」，又說：「大凡人類對於一件事，研究當中的道理，最先發生思想；思想貫通以後，便起信仰；有了信仰，就生出力量。」三民主義的思想，正是我國傳統思想的結晶。孫先生答第三國際代表馬丁的問話時說：「中國有一個道統，堯、舜、禹、湯、文、武、周公、孔子，相繼不絕。我的思想基礎，就是這個道統；我的革命，就是繼承這個正統思想來發揚光大。[11]」先總統　蔣中正先生也說：「三民主義思想的本源，就是孔孟學說。[12]」孔孟學說的精義，就是「仁」，其終極理想，見於禮記禮運篇大同章，以達「世界大同」爲目的。而　孫先生給人題字也常書「博愛」和「天下爲公」。並由三民主義的徹底實行，使國家爲人民所共有，政治爲人民所共管，利益爲人民所共享。換言之，就是大家同立於民族平等，政治平等，經濟平等的基礎上，造成一個極和平、極自由、極平等的國家。這和經典中治平的一貫大道完全符合。我們秉承以仁愛爲中心的三民主義思想，去充實文學創作的內涵，樹立文學批評的標竿，把中國文學的本源——經典，落實到三民主義的理論基礎上，則文學的生命才有新生的契機而精實壯大。

其次，是與三民主義產生的背景相結合。當清末民初之際，由於清廷政治腐化，對外戰爭失敗，先後訂立了許多喪權辱國的條約，卒使我國淪爲列強瓜分豆剖的對象，落入「次殖民地」的地位，於是發生民族問題。同時在清廷長期壓迫下，人民沒有參政的權利。民國成立之後，袁氏竊國，軍閥割據，人民便輾轉呻吟，哀告無路，雖然革命成功了，但只有民國之名，無民國之實，於是發生民權問題。過去我國歷代均厲行重農抑商政策，全國百分之九十五以上爲農民，又地少人多，土地分配不均；富者田連阡陌，貧者無立錐之地，所以大貧小貧，成了人民生活的寫照，尤其帝國主義，利用不平等條約的特權，進行經濟侵略，農村凋敝，人民無法自保，於是發生民生問題。孫先生有鑑於此，並參驗歐美社會的實際狀況，爲了防患未然，於是在西元一九〇五年十月二十六日於民報發刊詞，正式揭示了「民族、民權、民生」三民主義的宏規。可見孫先生發明三民主義，是由現實生活經驗中，樹立了他的理論基礎。所以他不僅是病理家，更是生理家。他發明的三民主義，不僅能實行於全國，更可弘揚於世界。孫先生這種實事求是，解決問題的態度，給我們從事文學創作者，一極大的啓發。證明文學創作不但要植根於傳統思想，更應從現實生活裏，去發掘題材，提升人性，表達至情。

最後，是與三民主義的形式辭采相結合。向來研究三民主義的學者，只注意到它內容思想方面的大經大法，正像歷來研讀經典的人，只留心於政教修爲之道一樣。以至於談到經典，便認爲那不過是修齊治平的專著，談到三民主義，也以爲僅是建國的最高原則，似乎與文學創作絲毫無關。殊不知凡在思想方面能獨立成家者，其在文學上亦必有可觀；更何況是經典，是三民主義。所以考據、詞章、義理、經世之學，門類固屬不同，但皆相輔相成，不可或缺。「三民主義」固不專爲文學而設，但文學的特質自然涵蘊其中。茲單從其修辭技巧而言：在它平實的敍事說理中，帶有強烈的感性和說服力；在旁徵博引時，流露着作者胸羅萬卷的高才；雅俗共賞的文字，更於飽涵人生哲理中，充滿諧趣幽默。運詞若不經意，而自能生動感人。尤其比況多方的例證，無一不是當下之事，眼前之景，不假雕飾，理論自然顯豁。通觀全書文字，絕無詰曲聱牙、詞語歐化，或故意搬弄，或立異鳴高的地方。以如此流暢的文詞，講明救國的大道，不要說是思想界的寶典，就是從文學角度上看，也應該推爲曠世的傑作（更生案：如果各位能以心平氣和的立場，從文法修辭的角度去研讀三民主義，一定會信我言之不虛。）。這對研究中國文學理論的人來說，更是不言之教。我們今天談中國文學的本源，如果忽視了與三民主義理論相結合這一點兒，便是愚蠢無知；若以爲談兩者的結合，是牽強附會，便是自欺欺人。中國文學必須朝向三民主義的大道邁進，才有內容，才有取樣的憑藉。

第五節　結　論

文學者，國家歷史文化的總和，作者性情人格綜合之表現也。富足安樂的社會背景，正是文學發展的溫床。就近年國內文壇所呈現的一般狀況言，舉凡文學上可能有的體裁，時不分今古，文不別新舊，均有專門名家從事研究。更由於傳播媒介的快捷與運用，給這方面平添了空前的勝景。想到中國文學面臨的莊嚴責任，我們眞要捫心自問，上對億萬世祖宗的遺產，如何繼承？下對億萬世子孫的幸福，如何交待？所以「立足傳統，放眼未來」，正是我們當前面臨的嚴肅課題。文學者，凶器也；足以救國，亦足以禍國；足以成事，亦足以敗事。在這個國際局勢日益險惡，生死存亡已到了最後關頭的時刻，我們講「中國文學的本源」，便不能不想到在今後文學的發展上，當如何發揚優良傳統，選定正確方向，作承先啓後，繼往開來的努力呢？

附註

❶ 司馬遷語見史記五帝本紀太史公曰，原文云：「予觀春秋、國語，其發明五帝德帝繫姓章矣；顧第弗深考，其所表見皆不虛，書缺有閒矣。其軼乃時時見於他說，非好學深思，心知其意，固難爲淺見寡聞道也。」

❷ 劉勰說見於文心雕龍神思篇。云：「陶鈞文思，貴在虛靜，疏瀹五藏，澡雪精神；積學以儲寶，酌理以富才，研閱以窮照，馴致以繹辭。……」

❸ 所謂「經典的基本原理就是道」，見宋陳善著的捫虱新話卷之一，首條：「道在六經不在浮屠」。此外，說者甚多，恕不在此列舉。

❹ 張道藩先生說，見於民國三十一年九月一日於「文化先鋒」發表的「我們所需要的文藝政策」。同年十月二十日在「文化先鋒」一卷八期上，發表「關於文藝政策」一文，亦有相同的說法。

❺ 門關主義亦譯作「孟祿主義」（Monroc Doctrine），爲區域孤立主義思想，美國總統門羅首倡，故稱門羅主義。其意義有類乎我國傳統的「閉關自守」的政策。各管各事，互不干涉。

❻ 見顧炎武先生日知錄卷二十二「詩體代降」條。

❼ 說見劉勰文心雕龍辨騷篇。文云：「枚賈追風以入麗，馬揚沿波而得奇，其衣被詞人，非一代也。」又時序篇云：「爰自漢室，迄至成哀，雖世漸百齡，辭人九變，而大抵所歸，祖述楚辭，靈均餘影，於是乎在。」由此可證楚辭與漢賦之源流關係。又時人香港中文大學教授何廣棪，著「漢賦與楚文學之關係」（珠海書院中國文學歷史研究所學會叢刊之一），更肯定此理。

❽ 佛教與中國文學之關係，請讀者參閱大乘文化出版社印行，由張曼濤先生主編的現代佛教學術叢刊。其中第十種「佛教與中國文學」。書中有二十五篇文章，皆近人著述。

❾ 關於敦煌資料之價値，請參閱吾師潘重規先生歷年發表的論文，和老友羅宗濤博士對敦煌變文方面的專論。

另外如蘇瑩輝先生的「敦煌論集」，和王重民的「敦煌古籍敍錄」，眞是內容紛繁，遍及四部。

⑩引文見莊子逍遙遊。

⑪見先總統　蔣中正先生「三民主義之體系及其實行程序」引民國十年　孫中山先生在廣西桂林，答共產黨第三國際代表馬丁（瑞典人）的談話。

⑫說見吾師陳立夫先生「世界和平之眞理應從漢學中求之」一文（實踐月刊第六九一期）。

重要參考書目

1. 周易集解　唐・李鼎祚撰　商務景印文淵閣四庫全書本
2. 書經集傳　宋・蔡　沈撰　商務景印文淵閣四庫全書本
3. 毛詩注疏　漢・毛亨傳　唐・孔穎達疏　商務景印文淵閣四庫全書本
4. 周禮正義　清・孫詒讓撰　藝文印書館印行
5. 禮記集解　清・孫希旦撰　文史哲出版社印行
6. 春秋左傳注疏　周・左丘明傳　晉・杜預注　唐孔穎達疏　唐・陸德明音義　商務景印文淵閣四庫全書本
7. 四書章句集注　宋・朱　熹撰　世界書局印行
8. 匡謬正俗校注　唐・顏師古撰　民國・秦選之校注　商務印雅雨堂本
9. 史記正義　漢・司馬遷撰　唐・張守節疏　商務景印文淵閣四庫全書本
10. 前漢書　漢・班　固撰　洪氏出版社印行
11. 後漢書　南朝宋・范　曄撰　洪氏出版社印行
12. 晉　書　唐・房玄齡等奉敕撰　洪氏出版社印行

13. 大唐西域記　唐・釋玄奘譯　唐・釋辯機撰　商務四部叢刊初編本
14. 漢書藝文志講疏　民國・顧　實撰　商務印書館印行
15. 四庫全書總目提要　清・紀昀等撰　商務印書館印行
16. 荀子集解　周・荀　況撰　清・王先謙集解　世界書局印思想名著本
17. 法　言　漢・揚　雄撰　晉・李　軌注　商務四部叢刊初編本
18. 老子校詁　民國・蔣錫昌撰　明倫出版社印行
19. 莊子集釋　民國・郭慶藩撰　河洛出版社印行
20. 金樓子　梁元帝・蕭繹撰　世界書局印四部刊要本
21. 顏氏家訓　隋・顏之推撰　商務印四部叢刊初編本
22. 原抄本日知錄　清・顧炎武撰　明倫出版社印行
23. 論　衡　漢・王　充撰　商務印四部叢刊初編本
24. 弘明集　梁・釋僧祐撰　商務印四部叢刊初編本
25. 高僧傳　梁・釋慧皎撰　臺灣印經處印行
26. 三民主義　民國・孫中山撰　中興山社印行
27. 楚辭集注　宋・朱　熹撰　世界書局印文學名著本
28. 曹集詮評　魏・曹　植撰　清・丁　晏譯　廣文書局印行
29. 陸士衡文集　晉・陸　機撰　商務印四部叢刊初編縮本

30. 箋注陶淵明集　晉・陶　潛撰　宋・李公煥箋　商務印四部叢刊初編縮本
31. 分類補注李太白詩集　元・楊齊賢集注　元・蕭士斌補注　商務印四部叢刊初編本
32. 杜詩詳註　清・仇兆鼇撰　臺灣中華書局印行
33. 韓昌黎文集校注　民國・馬通伯校注　華正書局印行
34. 李文公集　唐・李　翱撰　商務印四部叢刊初編本
35. 增廣註釋音辯唐柳先生文集　宋・童宗説註釋　宋・潘緯音義　張敦頤音辯　商務印四部叢刊初編本
36. 白氏長慶集　唐・白居易撰　商務印四部叢刊初編本
37. 范文正公集　宋・范仲淹撰　商務印四部叢刊初編本
38. 元豐類藁　宋・曾　鞏撰　商務印四部叢刊初編本
39. 王臨川全集　宋・王安石撰　靈漢出版社印紹興重刊本
40. 經進東坡文集事略　宋・蘇　軾撰　宋・郎　曄註　商務印四部叢刊物編本
41. 歐陽修全集　宋・歐陽修著　華正書局印行
42. 遺山先生文集　金・元好問撰　商務印四部叢刊初編本
43. 荆川先生文集　明・唐順之撰　商務印四部叢刊初編本
44. 震川先生集　明・歸有光撰　商務印四部叢刊初編本
45. 昭明文選　梁・蕭　統編　唐・李　善註　華正書局印標點本

46. 古文關鍵　宋・呂祖謙編　商務印叢書集成簡編本
47. 古文辭類纂評注　清・姚鼐編　民國・王文濡詳注　中華書局印行
48. 經史百家雜鈔　清・曾國藩編　世界書局印行
49. 評點音注十八家詩鈔　清・曾國藩纂　民國・王有宗評註　文源書局印行
50. 文章指南　明・歸有光撰　廣文書局印行
51. 樂府詩集　宋・郭茂倩撰　商務印四部叢刊初編本
52. 文心雕龍讀本　梁・劉勰撰　民國・王更生註譯　文史哲出版社印行
53. 文心雕龍札記　民國・黃侃撰　文史哲出版社印行
54. 文心雕龍研究　民國・王更生撰　文史哲出版社印行
55. 文心雕龍批評論發微　民國・沈謙撰　聯經出版社印行
56. 文選學　民國・駱鴻凱撰　中華書局印行
57. 文章緣起　梁・任昉撰　明・陳懋仁註　廣文書局印行
58. 文則　宋・陳騤撰　莊嚴出版社印行
59. 後村詩話　宋・劉克莊撰　藝文印書館印歷代詩話
60. 文章歐冶　元・陳繹曾撰　私立東海大學藏日文版
61. 捫虱新話　宋・陳善撰　國立中央圖書館鈔本八卷
62. 文原　明・宋濂撰　商務印書館叢書雲集成簡編本

63. 四六叢話　清・孫　梅輯　商務印萬有文庫薈要本
64. 駢體文鈔　清・李兆洛編　商務印萬有文庫薈要本
65. 詩品注　梁・鍾　嶸撰　民國・陳延傑註　開明書店印行
66. 文史通義　清・章學誠撰　國史研究室彙印本
67. 文章辨體序說　明・吳　訥撰　泰順書局印行
68. 文體明辨序說　明・徐師曾撰　泰順書局印行
69. 國故論衡　民國・章炳麟撰　世界書局印章氏叢書本
70. 宋元戲曲史　民國・王國維撰　商務印人人文庫本
71. 詞曲史　民國・王　易撰　廣文書局印行
72. 畏廬論文　民國・林　紓撰　文津出版社印行
73. 駢文概論　民國・金秬香撰　商務人人文庫本
74. 古史辨　民國・顧頡剛編著　明倫出版社印行
75. 太史公書義法　民國・孫德謙撰　中華書局印行
76. 中國學術思想變遷之大勢　民國・梁啓超撰　中華書局印行
77. 中國文化要義　民國・梁漱溟撰　正中書局印行
78. 漢魏兩晉南北朝佛教史　民國・湯錫予撰　商務印書館印行
79. 玄學文化佛教　民國・湯錫予撰　育民出版社印行

80. 文學研究法　民國・姚永樸撰　廣文書局印行
81. 中國語文學研究　民國・章炳麟等著　中華書局印行
82. 西力東漸記　民國・馮承鈞撰　商務印書館印行
83. 中國文化史　民國・柳詒徵撰　正中書局印行
84. 中國小說史略　民國・魯　迅撰　不著出版書局
85. 世界文學史綱　民國・郭源新撰　明倫出版社印行
86. 中國文學批評史大綱　民國・朱東潤撰　開明書店印行
87. 文體論　民國・薛鳳昌撰　商務印人人文庫本
88. 文體論纂要　民國・蔣伯潛撰　正中書局印行
89. 中國文學研究法新編　民國・鄭振鐸撰　明倫出版社印行
90. 修辭學講話　民國・陳介白撰　信誼書局印行
91. 文章作法　民國・夏丏尊撰　綠洲出版社印行
92. 中國經學史　民國・馬宗霍撰　商務人人文庫本
93. 詩言志辨　民國・朱自清撰　五洲出版社印行
94. 中國文學發展史　民國・劉大杰撰　中華書局印行
95. 文藝心理學　民國・朱光潛撰　開明書店印行
96. 中國戲劇發展史　周貽白　學藝出版社印行

97. 漢賦與楚文學之關係　民國・何廣棪撰　香港珠海書院印行
98. 孔學通詮　民國・李　寰撰　中國孔學會印行
99. 左傳文藝新論　民國・高葆光撰　正中書局印行
100. 中國新文學運動史資料　民國・張若英編　香港中文大學印行
101. 佛教與中國文學　民國・張曼濤主編　大乘文化印現代佛教學術叢刊
102. 敦煌古籍敍錄　民國・王重民撰　中文出版社印行
103. 敦煌論集　民國・蘇瑩輝撰　臺灣學生書局印行
104. 國劇原理　民國・俞大綱撰　商務印人人文庫本
105. 文學研究法　日本・丸山學撰　商務人人文庫本
106. 詩學箋註　雅典・亞里斯多德原著　民國・姚一葦譯註　中華書局印行
107. 美學原理　意人・克羅齊原著　正中書局重譯　正中書局印行
108. 藝術論　俄人・托爾斯泰原著　民國・耿濟之譯　地平線出版社印行